中国古典一日一話

守屋 洋
Hiroshi Moriya

三笠書房

はじめに――これほど役立つ〝実学の書〟はない

中国古典の特徴をひと言でいえば、〝実学〟ということになる。実学とはいささか曖昧な言葉だが、要するに実践的な学問ということだ。現に読者の反応を聞いてみると、「いや面白い」「とても参考になる」「もっと早く読んでおけばよかった」といった答えが返ってくることが多い。それだけ、実践の場で役に立っているということであるにちがいない。

ではどういう点が実学だといえるのか。中国古典には、日本古典にはない特徴が三つある。まず、応対辞《おうたいじ》令《れい》である。亡くなった先輩の安岡正篤さんは、「中国古典は応対辞令の学問だ」と喝破されたが、たしかにこのテーマが中国古典の大きな柱になっている。応対辞令とはわかりやすくいえば、社会生活のもろもろの場における人間関係にどう対処するか、という対処の仕方にほかならない。

第二は、経世済民《けいせいさいみん》、つまりは政治論である。これもまた中国古典が好んで取り上げる重要なテーマだが、政治論といっても、難しい理屈をこねているわけではない。中国古典のそれは、きわめて具体的でわかりやすい。

政治論というと一般の人にはいささか無縁のように思われるかもしれないが、そうではない。組織をどう掌握しどう動かすかなど、幅広い応用がきくのである。

第三は、修己治人《しゅうこちじん》、つまりは指導者論である。上に立つ者はどうあるべきか、組織のリーダーにはどんな条件が望まれるのか。これもまた中国古典の得意とするテーマであって、あらゆる古典がさまざまな角度から論じている。

以上の三つが中国古典の重要な柱である。

以前は、社会を支える世代である四十代、五十代を中心に、中国古典はよく読まれたものだが、現代では中国古典に親しむ人はそれほど多くないようである。有名な故事や名言の類いにしても、「こんなことも知らないのか」とびっくりさせられることが珍しくなくなった。

これには無理からぬ事情もないではない。この数年、ビジネス社会の関心は、やれパソコンだ、やれインターネットだと、そちらのほうにばかり向かっていった。「いまさら古いものなど読んでも」といった気分がかりにあったとしても、理解できなくはない。

だが、これは少なからず残念なことである。科学や技術がどんなに進歩しても、結局、それを動かすのは人間である。肝心の人間に対する理解を欠いたのでは、どうでもいいようなことに悩んだり、ここぞというときに腰砕けになってしまう恐れがあるからである。現に近ごろでは、人間関係で悩む人が非常に多くなっているように思われる。

中国古典の内容はきわめて実践的であり、現代でも参考になることが少なくない。その説くところに耳を傾けるなら、少なくともつまらない悩みや失敗を免れることができるだろうし、さらに一歩踏みこんで、現代を生きるうえでの知恵や勇気のようなものを学び取ることもできるであろう。

実際、「これは」という人物は、必ずといっていいほど中国古典を読んでいる。古いからといっておろそかにせず、先人の知恵を上手く実生活に生かせる人間こそが、これからの厳しい社会を勝ち抜いていけるのである。

ただし、誤解を招く恐れがあるので、二つのことをお断わりしておきたい。

第一は、役に立つからといって即効性を期待されては困るということだ。中国古典というのはいわば漢方薬のようなもので、効いてくるまでに時間がかかる。即効性は期待しないでいただきたい。

第二に、中国古典の説いているのは原理原則であるということである。したがって、とっぴなことを期待される向きは失望されるかもしれない。しかし少なくとも、原理原則の確認には役立つであろう。それだけは請け合っておく。

本書では、中国古典のなかから主なものを十二冊選び、そのなかから人間学の真髄に迫った言葉を取り出してわかりやすい解説をつけてみた。とくにいま、厳しい現実のなかで苦闘している現役の皆さんに読まれることを願っている。

守屋　洋

中国古典「一日一話」　目次

第一章　老子――《厳しい時代をしぶとく生きる知恵》

第二章 荘 子

——《小さな現実に振り回されず自在に生きる教え》

第三章 孫子

《戦わずに勝つ――人生という戦で負けない法》

第四章 韓非子——《部下をコントロールする最高のノウハウ》

第五章 論語 ――《人生に対する視野を広げる人間学の宝庫》

第六章 孟子

――《理想なき現実主義は、つねに堕落する》

第七章 荀子——《人間を外側から磨き上げる行動原則》

第八章　菜根譚——《窮地に立たされたときに、己れを見つめ直す》

第九章 呻吟語――《人の上に立てる人間の〝自分のつくり方〟》

第十章　戦国策——《「説客」たちのこの練りに練られた知恵の数々》

第十一章 史記――《動乱期を生き抜いた多彩な個性の生き方》

第十二章 三国志――《虚々実々の駆け引きを読む》

第一章

老子

◎厳しい時代をしぶとく生きる知恵◎

自分を誇示せず人に呑まれず
——しぶとく生きるためには何が必要か

『老子』という古典は、ある意味できわめて中国的な本である。

中国の歴史は、ひと口でいって戦乱の歴史であったが、中国の民衆はそういう厳しい時代をしぶとく生き抜いてきたのである。それだけに、彼らは生き残りの知恵のようなものをたっぷりとたくわえてきた。そういう知恵が凝集されているのが、『老子』だといってよい。

『老子』は、別名『道徳経』とも呼ばれてきた。そのことからも知られるように、その主張の核心は「道」と「徳」の二本の柱から成っている。

『老子』によれば、万物の根源に、万物を万物として成り立たせている、ある〝存在〟があるのだという。それが「道」である。

「道」は無《む》としかいいようのない存在だが、それがあることによってはじめて万物が生み出され、万物が万物として機能することができる。しかも、「道」はそれほど大きな働きをしながらいささかも自己を誇示することなく、いつもしんと静まりかえっている。

その「道」を認識し、体得することによって、われわれも「道」のもっているすばらしい属性を身につけることができる、と『老子』は考えた。それがすなわち『老子』のいう「徳」にほかならない。

ちなみに『老子』のいう「徳」とは、無心、無欲、柔軟、謙虚、素朴、控え目などから成っている。これらの「徳」を身につければ、どんな厳しい時代でもしぶとく生き抜いていくことができるのだという。

『老子』の底を流れているのは、ひと言でいえば弱者の思想である。社会的弱者の立場から激動する現実を凝視し、「道」を発見することによって弱者の立場に居直り、そこから、現実を生きる英知を引き出してきたのだ。

しかも『老子』の関心は多岐にわたり、さまざまな分野から眼前に展開する現実を批判してやまない。だから、たんに処世指南の書であるばかりでなく、文明や政治、軍事の分野についても鋭い指摘がなされている。

『老子』の作者は、孔子のやや先輩に当たる老聃《ろうたん》という人物だとされるが、伝説のベールにつつまれていて確かなことはわからない。おそらく特定の個人によって書かれたというよりも、春秋から戦国の激動期にかけて草の根に生きた、不特定多数の人々によってまとめられたものであろう。

才能は過剰に見せるな

1 其《そ》の鋭《えい》を挫《くじ》き、其《そ》の紛《ふん》を解《と》き、其《そ》の光《ひかり》を和《やわ》らげ、其《そ》の塵《ちり》に同《おな》じうす

《挫其鋭、解其紛、和其光、同其塵》

この世の中を生きていくには、鋭い部分はなくしたほうがいい。複雑なことばかり考えるのもよくない。きらびやかに光るものがあったら、意識的にそれをぼかして塵と溶け合うように生きなさい――というほどの意味である。

ここで注目したいのは「其の光を和らげ、其の塵に同じうす」である。略して「和光同塵《わこうどうじん》」という。「光」とは才能・能力であり、「塵」とは世間一般のレベルを指している。つまり、才能や能力をあまり表に出すな、ということだ。

これは、サラリーマン生活を長く続けた人ならすぐに思い当たるフシがあるにちがいない。二十代で、やり手とか大器とか称された人は、不思議に大成しないものである。

日本の企業はチームプレーで成り立っている。ところが、やり手サラリーマンほどチームプレーに徹しきれない。そのために浮き上がった存在になり、周囲の反感を買う。そして、一度つまずくと寄ってたかって足を引っぱられる――。

組織とはそういう残酷な面があるということを知っておいたほうがいい。

水に学ぶ理想の生き方

2 上善《じょうぜん》は水《みず》の如《ごと》し

《上善如水》

「上善」とは、もっとも理想的な生き方を指す。そういう生き方をしたいと願うなら水に学べ、というのだ。では、水のどういう点に学べというのか。

まず、水はきわめて柔軟である。どんな形の器にも逆らわずに、器なりに形を変えていく。次に、水はまことに謙虚である。自分を主張することなく、自然に低いところに流れていく。さらに、水は静かな流れのなかにも巨大なエネルギーを秘めている。つまり、柔軟さ、謙虚さ、秘めたるエネルギー、この三つを身につければ、人間も理想の生き方に近づくことができるのだという。

ここで『老子』がいう「水」は「川」と解していいが、そのイメージは、日本人と中国人とでは大きな違いがある。日本人は、川といえば、さらさらと流れるせせらぎを思い浮かべるだろうが、中国人はまず大河を思い浮かべる。

その典型が長江と黄河である。この二つの河は、遠くから眺めると静かな流れにしか見えない。ところが近くで見ると、流れが渦を巻き、ものすごいエネルギーを感じさせる。私も中国を旅行して実際にこれらの大河を見てから、中国に対するイメージを改めたものである。

3 功遂《こうと》げ身《み》退《しりぞ》くは、天《てん》の道《みち》なり

《功遂身退、天之道也》

仕事を成し遂げた人は、身を引くことによって、いままで築きあげた功績や名声をまっとうすることができる。その反対に、いつまでも地位にしがみついていたのでは、満杯になった水がこぼれてしまうように、せっかくの地位を失い、功績や名声までも帳消しにしてしまう。

それをさらりと実行した人物に、漢《かん》の劉邦《りゅうほう》に仕えた軍師・張良《ちょうりょう》がいる。彼は、劉邦に天下を取らせると、こういって引退を申し出た。

「私は三寸の舌をもって帝王の師となり、一万戸の領地を拝領して列侯に連なっている。これで私の役目は終わった。あとは俗世を捨てて仙界《せんかい》に遊びたい」

こうして俗界への関心を断ち、悠々と天寿をまっとうしたといわれる。

しかし、そうはいっても引き際は難しい。とくに、いったん座った権力の座というのは、政界にしろ、財界にしろ、なかなか手放したくないのが人情だろう。しかしいつまでも恋々としていると、往々にして醜態をさらす羽目になる。

権力の座にあるものの責任は重い。重いからこそ、なるべく早目にバトンタッチし、あとは悠々自適の生活を送るというのも賢明な生き方ではないのか。

屈するから伸びる「原理」

4 曲《きょく》なれば則《すなわ》ち全《まった》し

《曲則全》

略して「曲全《きょくぜん》」ともいう。これも『老子』の処世哲学をもっとも端的に表わしている言葉である。曲がっているからこそ、生命をまっとうできるのだという。『老子』の根本思想は、昨今の「目立ちたがり屋」の対極にあると考えていいだろう。目立ちたがり屋は、つねに先頭に立ちたがる。だが、『老子』はもっと曲線的な生き方を好む。先頭に立つより、あとからついていくほうが危険な目に遭うこともなく安全に生きられる、と説く。

しかし、だからといって、「曲全」は敗北主義ではない。屈しながら、しかも逆転をはかる粘り強さを秘めている。『老子』はまた、こうもいっている。

「屈しているから伸びることができる。窪んでいるからこそ水を満たすことができる」

伸びきってしまえば、その先伸びる可能性はなくなってしまう。曲がっているからこそ、将来大きく伸びることができるのである。いってみれば、バネが強烈な力をためながら縮んでいるようなもの。だからこそ大きな飛躍を期待できるのだ。伸びようとするなら、屈することを恐れてはならない。

“裏方”の力を知れ

5 善《よ》く行《ゆ》く者《もの》は轍迹《てっせき》なし

《善行無轍迹》

上手に歩く人は足跡を残さない。立派な仕事を成し遂げた人ほど、これはおれがやった仕事だ、という記録を残さない。社会に貢献するにしても目立たぬ貢献をしている。価値ある功績とはそういうものだ、と『老子』は説く。

『老子』がつねに弱者の立場に立っていることを考えれば、この言葉の解釈はさらに広がりをもってくる。世の中には、縁の下の力持ちのような、地味な仕事がたくさんある。『老子』は、そういう仕事こそ価値がある、といいたいのである。

企業にしても、利益を上げ、脚光を浴びる部署にいる社員は、おれたちで会社はもっているんだ、と思いがちになる。が、どんな豪華絢爛たる舞台も、裏方さんがいなければ日の目を見ない。それと同じで、どんな企業も水面下の目立たない地味な仕事によって支えられている。これは、理屈ではわかっていてもなかなか納得しにくいことかもしれない。

『老子』は、これ見よがしのパフォーマンスの類いをとことん排斥する。組織を支えているのは、本当は地味な仕事をしている人たちなのだ、と認識すれば、おのずと謙虚にならざるをえないのである。

自分を知る『老子』の域

6 人《ひと》を知《し》る者《もの》は智《ち》なり、自《みずか》ら知《し》る者《もの》は明《めい》なり

《知人者智、自知者明》

人を知る者はせいぜい智者のレベルにすぎない。自分を知る者こそ明知の人である。わかりやすくいえば、自分を知ることは難しい、ということになる。

「智」は洞察力といっていい。「明」も洞察力にはちがいないが、「智」よりもさらに深いところまで洞察できる能力を意味する。これを身につけるのは、並みたいていのことではない。

中国古典に親しむビジネスマンは決して少なくない。我田引水でいうのではなく、たいへん結構なことだと思う。なぜなら、古典には先人の知恵が結晶しているからである。

が、それを読むだけでは、まだ『老子』のいう「智」の段階にすぎない。

では、「明」をもつにはどうしたらよいか。それに簡単に答えられるくらいなら、私はとっくに『老子』の域に達している。一つだけいえることは、毎日の生活や仕事に対して、つねに問題意識とチャレンジ精神をもってぶつかっていくことではないだろうか。それが欠けていたのでは、「明」どころか「智」すら身につかないだろう。

強者の弱点

7 柔弱《じゅうじゃく》は剛強《ごうきょう》に勝《か》つ

《柔弱勝剛強》

日本でよく知られているのは『三略《さんりゃく》』という兵法書にある「柔よく剛を制す」のほうだが、『老子』のこの言葉も意味は同じである。「柔は剛に勝ち、弱は強に勝つ」ともいう。ごく一般的な解釈としては、ごつくて強そうなものは意外に脆いところがある。それに反して、柔らかく弱々しいものは「柳に雪折れなし」の譬えのように意外に強い、という意味である。

しかし、『老子』の真意はもっと深いところにあったのではないかと思う。私はこれを、弱者に対する励ましの言葉と解釈したい。

強者には、強いがゆえのおごりがある。そのため、自ら墓穴を掘って自滅する可能性が大きい。一方、弱者は弱いがゆえに、つねに謙虚である。自分の力を知っているので、何事にも細心の注意を払う。そこから逆転の機会も生じてくるのである、ということだろう。

また、周囲の状況もつねに変化する。強者がいつまでも強いという保証はどこにもない。同様に、弱者も機会さえつかめば、強者にとって代わることができるのである。

「馬車馬」は嫌われる

8 足《た》るを知《し》れば辱《はずかし》められず、止《とど》まるを知《し》れば殆《あや》うからず

《知足不辱、知止不殆》

『老子』の唱えた処世哲学のエッセンスである。「止足の戒《いまし》め」とも呼ばれる。

この「知足」（足るを知る）というのは、中国流処世術のエッセンスにもなっている。『老子』は、その元祖といってよいかもしれない。

『老子』はここで、おれがおれがと出しゃばる態度、自分の利益追求のためには、他人の迷惑もおかまいなしの生き方を戒めている。足るを知らず、止まるを知らずに生きていれば、周囲の反感を買い、いずれ袋叩きに遭うのがオチだ、というわけである。

たぶん『老子』は、言外に、利益を追求するなら周囲との折り合いをつけろ、といっているにちがいない。その意味で、『老子』の説く生き方はきわめて老獪《ろうかい》なのである。

私たち日本人は、単純といえば単純で、こういう考え方を苦手としている。走りだすと止まらないし、利益を独り占めにしたがる傾向が強い。

先年、日本を悩ませた経済摩擦の問題にしても、早くから「止足の戒め」を実践していたら、あんな騒ぎにはならなかったかもしれないのだ。

訥弁は欠点ではない

9 大弁《たいべん》は訥《とつ》なるが如《ごと》し

《大弁如訥》

『老子』お得意の逆説的表現である。真の雄弁は訥弁と変わりがない、といっているのだが、その極致は無言の説得ということになる。

ここでいわんとしているのは、しゃべりすぎの害である。能弁には、とかく軽薄なイメージがつきまとう。軽薄を売り物にするタレントならともかく、一般の社会人は、軽薄と思われて得るものはなにひとつない。

一方、訥弁には誠実のイメージがある。立て板に水のごとくしゃべるよりも、訥々と自分の考えを伝えるほうがはるかに好感をもたれるし、説得効果が高い。いわゆるトップセールスマンには訥弁が多いというのも、なんとなくわかるような気がする。

もっとも、『老子』がしゃべりすぎの害を戒めているのは、中国人の国民性とも大いに関係がありそうだ。中国人は一般に、能弁で自己主張が強い。謙虚な生き方をよしとする『老子』としては、当然、ひと言あってしかるべきところである。

逆に日本人は、いいたいこともいわずに、周囲との折り合いばかり気にしすぎる。肝心な場面で口を閉ざし、蔭でペラペラしゃべるのも困りものなのだ。

管理は「口」ではなく「目」で

10 大国《たいこく》を治《おさ》むるは小鮮《しょうせん》を烹《に》るが若《ごと》し

《治大国若烹小鮮》

「小鮮」とは小魚《こざかな》のこと。小魚を煮るとき、やたら突っついたりかき回したりすれば、形も崩れるし味も落ちてしまう。国を治めるときも、政府が、何事につけ権力で上から干渉するのはよくない。できるだけ干渉を避け、民間の活力に任せるほうが、かえってうまく治まるのだという。

為政者は、大所高所から黙って事態の推移を見守るのが、政治の理想である、という考え方にほかならない。

これはたんに政治にとどまらず、企業の組織管理にも当てはまる。社長が社員ひとりひとりにハッパをかけ、細かい伝票にまで目を光らせたらたまったものではない。社員がやる気をなくすばかりか、第一、社長自身が参ってしまう。

社長は、社員が働きやすい環境をつくり、日常業務はしかるべき管理者に任せて、企業経営の大計を考えていればよいのである。ワンマン社長の会社が長続きして発展するかどうかは、そういう組織管理への切り替えができるかどうかにかかっている。むろん、そのためには優秀な参謀役が必要になることはいうまでもないが。

右の頬を打たれたら

11 怨《うら》みに報《むく》いるに徳《とく》を以《も》ってす

《報怨以徳》

昔の怨みにこだわらず、つねに善意をもって他者に対せよ、と説いているのだが、ここでもまた、中国人の国民性が前提になっている。

一般に、中国人は簡単に過去を水に流さない。ある意味で執念深いところがある。こういうと中国人の悪口をいっているようだが、そうではない。

怨みにしても、いつかどこかで必ず仕返しされることを知っているからこそ、彼らは人の怨みを買わないように、非常に神経を使う。この言葉は、そういう執念深さを前提にして出てきたことを忘れてはならない。

「徳をもって怨みに報いよ」という思想は、古くからあったらしい。『論語』にも出てくる。あるとき、弟子のひとりが「昔から、徳をもって怨みに報いよ、といわれていますが、どうお考えになりますか」と孔子に訊ねた。孔子は、こう答えている。

「それではケジメがつかなくなる。直（筋を通す）をもって怨みに報い、徳をもって徳に報いるのがよい」

この問題に関するかぎり、『老子』のほうが孔子よりも理想主義者だった。

“中流”のすすめ

12 敢《あ》えて天下《てんか》の先《せん》たらず

《不敢為天下先》

『老子』は、この世で無事に生きていくのに必要な「三宝《さんぽう》」（三つの宝）を挙げている。「一に曰《いわ》く、慈《じ》。二に曰く、倹《けん》。三に曰く、敢えて天下の先たらず」。「慈」は、人をいつくしむこと。「倹」は、物事を控え目にすること。そして、先頭に立たないことである。さらに続けて、「人をいつくしむからこそ、勇気が湧いてくる。物事を控え目にするからこそ、行き詰まらない。人々の先頭に立たないからこそ、逆に指導者としてかつがれる」と語っている。

いずれも、乱世を生きる処世の知恵である。なかでも「敢えて天下の先たらず」は、現代の中国人にも見られる〝中流思想〟の典型といえるだろう。

先頭に立つと、先頭を譲るまいとして、つい無理をしてしまう。人生という長いレースでは、やがて心身ともに疲れきって、落伍する可能性が強い。また、先頭に立つと敵からも味方からも標的にされ、狙い打ちされる。そのために、余分な神経を使いすぎて自滅しやすい。といってビリのほうにいてはあいつはダメなやつだ、と白い目で見られる。余裕をもって中くらいの位置につけているのが、いちばん安定した生き方なのだという。

「戦わない」強さ

13 善《よ》く人《ひと》を用《もち》うる者《もの》はこれが下《しも》となる

《善用人者為之下》

「夜《や》郎《ろうじ》自大《だい》」という言葉がある。漢の時代に、中国西南の地に夜郎という国があった。その地方では威勢がよかったけれども、しょせん、漢の強大なることを知らずに、お山の大将を気取っていたにすぎない。そこから、仲間うちだけで大威張りすることを「夜郎自大」というようになった。「自大」を一字にまとめると、「臭」になる。つまり、「自大」はふんぷんたる臭気を発して、近寄ってくる相手まで遠ざけてしまうのだという。

その点、人の使い方の上手な人は、相手の下手《したて》に出る、と『老子』はいう。さらに指導者の条件について、こうもいっている。

「優れた指揮官は武力を乱用しない。戦い巧者は感情に駆られて行動しない。勝つことの名人は力づくの対決に走らない」

『老子』は、これを「不争《ふそう》の徳」と呼んでいる。人を使う者も軍の指揮官も、力に頼るようでは一流にはなれない。つねに謙虚であれ、と戒めているのだ。

念のためにいえば、『老子』の謙虚さとは、消極的な生き方がいいといっているのではない。謙虚であることの現実的効用をちゃんと計算しているのである。

知って知らぬふりの効用

14 知《し》りて知《し》らずとするは、尚《しょう》なり

《知不知、尚矣》

「尚」を「上」と書くテキストもある。知っていても知らないふりをするのが望ましいというのだが、ある意味で「おとぼけのすすめ」と解してもよい。

たとえば、上司に何かを質問されたとき、待ってましたとばかりにとうとうとしゃべるのは、反感を買いやすい。あなたはこんなことも知らないのですか、というように受け取られるからである。訊かれもしないのにペラペラしゃべるのは、なおいけない。必要最小限のポイントだけをきちんと答え、あとは質問があれば答えるようにするのが賢明だろう。ときには、「よくわかりませんが……」、というくらいの演技力を身につけることも処世術のひとつである。

〝おとぼけ〟は、上司の側にも必要だろう。部下の細かな欠点まで見えたとしても、それをいちいち口にしてはまずい。知っておくことは大事だが、見て見ぬふりをしながらタイミングを見計らってさりげなく注意をしたほうが、効果的なはずである。

『老子』は「知らずして知れりとするは病《へい》なり」ともいっている。知りもしないのに知ったかぶりをするのは、これはもう論外だということである。

見ている人は見ている

15 天網恢恢《てんもうかいかい》、疎《そ》にして失《うしな》わず

《天網恢恢、疎而不失》

「天網」とは天の裁き、「恢恢」とは大きいという意味。天の網はこのうえなく大きく、網目は粗いように見えるけれど、何ひとつ取り逃すことはない。日本では「疎にして漏らさず」と使われることが多いが、意味は同じである。

この世の中は悪が栄えているように見えるが、それは一時のことにすぎない。「天道」、つまり天の法則は人間社会にくまなく行き渡っているので、悪はいずれ報いを受ける。俗っぽくいえば、お天道さまはお見通しだよ、ということになる。これは悪に対する戒めというより、弱者に対する励ましと解したほうが適切だろう。いまはつらい状態にあっても、お天道さまはいつか必ず帳尻を合わせてくださる、ということだ。

いやな上役にずーっと仕えて、これではいつまでたってもウダツが上がらない、と悲嘆にくれているビジネスマンも少なくない。が、見る人はちゃんと見ている。課長が認めてくれなくても、その上の部長が見ているかもしれない。隣の課には具眼の課長もいる——。『老子』が現代に生きていれば、不遇をかこつサラリーマンに、ふてくされてはいけない、と声援を送るはずである。

第二章

荘子

小さな現実に振り回されず自在に生きる教え

勝った負けたなど「ちいせい、ちいせい」
――心をしばらずに大きく生きる

『荘子』に、有名な「蝸牛角上《かぎゅうかくじょう》の争い」という寓話がある。勝った負けたと血まなこになっているこの地上の争いも、広大な宇宙空間から眺めればそれこそ「ちいせい、ちいせい」と笑いとばした話である。

また、『荘子』をひもとくとその最初のところに、有名な「大鵬」の話が出てくる。大鵬がその巨大な翼を広げて、九万里の上空を南の海を目指して飛んでいく。それを見て、地上の蟬《せみ》や小鳩は「楡《にれ》や檀《まゆみ》の梢に飛びつくのさえたいへんなことだ。九万里の上空など飛ぼうという奴の気が知れない」といって嘲笑う。

だが、『荘子』にいわせれば、悠々と大空を舞う大鵬の姿こそ理想の生き方であって、蟬や小鳩の考えることなど「ちいせい、ちいせい」というわけだ。

この二つの寓話に、『荘子』のいわんとすることがよく表わされているように思われる。

『荘子』は、「老荘思想」などといわれるように、『老子』とコミにして語られることが多い。だがこの二冊は、性格がずいぶん異なっている。

『老子』が主としてしぶとい処世の知恵を説いているのに対し、『荘子』の説くのはもっぱら超越の思想である。

『荘子』によれば、「道」という大きな観点に立つと、この世の中のすべてのものに差別はないのだという。是も非もないし、善も悪もない。かりに差別があるように見えたとしても、一時的なことである。だから、そんな差別に振り回されるのは愚かなことだという。

『荘子』は、そんなつまらない差別に惑わされないで、もっと自由な生き方をしなさい、それが人間らしい生き方なのだと語りかけてやまない。

だから、『荘子』を読むと、われわれが、いままで価値ありと認めてきたことが、本当に価値のあるものであったのかと、疑問を抱かざるをえなくなる。そういう意味で、『荘子』は鋭く発想の転換を促してくる本なのである。

それに、『荘子』はふんだんに寓話を使っているが、これはほかの古典にない特色である。いちじるしく文学的であって、読み物としても面白い。

『荘子』の作者は荘周《そうしゅう》である。戦国時代の人だが、仕官を嫌って在野の自由人として生涯を終えている。

多くを望むむなしさ

1 鷦鷯《しょうりょう》、深林《しんりん》に巣《す》くうも一枝《いっし》に過《す》ぎず

《鷦鷯巣於深林不過一枝》

「鷦鷯」とはみそさざいのこと。みそさざいは林の奥深く巣をつくるが、必要とするのはたった一本の枝にすぎない、という意味である。昔、許由《きょゆう》という賢人が聖天子の堯《ぎょう》から天下を譲るといわれたとき、こういって断わったといわれている。許由の話は『荘子』のフィクションであろう。『荘子』は自分の考えを述べるためにお話をつくるのを得意としている。このへんが『荘子』の面白さといえるかもしれない。

さらに『荘子』は「偃鼠《えんそ》、河に飲むも満腹に過ぎず」といっている。かわうそは黄河の水を飲むけれど、腹いっぱいになるだけの水しか飲めないのだという。

さして長くもない人生であれもこれもと欲ばると、欲望に振り回されて、自分にとっていちばん大切な「深林の一枝」に気づかないまま人生が終わってしまう。巨万の富も、見方を変えれば何の価値もないものになる。早い話が、かりに何兆円という財を築いても、あの世までもっていけるわけではないだろう。

いま、自分が価値ありと信じて追求しているものが、見方を変えれば取るに足りないものかもしれないのである。

流れには逆らわない

2 時《とき》に安《やす》んじて順《じゅん》に処《お》れば、哀楽《あいらく》入る能《あた》わず

《安時而処順、哀楽不能入也》

時のめぐり合わせに安んじ、自然の流れに従っていれば、哀も楽もないのだという。流れに逆らわない自然流の生き方がいい、というのである。

儒家と呼ばれる人たちは、「修身、斉家、治国、平天下」と大上段に振りかぶった。『荘子』は「まあ、そんなに意気ごみなさんな」といなしているのだ。

私たち日本人も、「治国、平天下」はともかくとして、やれ出世だ、やれノルマ達成だと、みんなネジリ鉢巻きをして必死の形相で頑張っている。だから、ちょっとつまずくとがっくりくる。お互い息苦しいし、また、せつない気がしないでもない。

たしかに、人生の節目では頑張ることも必要だろうが、日本人は流れに逆らってまで無理に頑張ろうとする。

『荘子』なら、「もっとスマートに頑張りなさいよ」というにちがいない。あくせく生きるだけでは、人生を豊かにすることはできない。流れに身を任せた自然流の生き方で、ここぞというときに頑張る。のんびり生きているように見えながらじっくりと力を蓄えている。そんな生き方を心がけてみたい。

大物と小物の違い

3 人《ひと》みな有用《ゆうよう》の用《よう》を知《し》りて、無用《むよう》の用《よう》を知《し》るなきなり

《人皆知有用之用、而莫知無用之用也》

本田技研に「ワイガヤ」という言葉があったそうだ。一種のブレーン・ストーミングだが、ちょっとした空き時間に関係者が集まって、「ちょっとワイガヤをやろう」となる。しばしワイワイガヤガヤ雑談をしていると、意外にいいアイデアが出てくるのだという。

「無用の用」とは、無用と思われているものこそ実は有用なのだ、という意味である。ワイガヤなども、「無用の用」の一種であったかもしれない。だが、世間の人々は、いたずらに有用性ばかり追求して「無用の用」に気づこうとしない、と『荘子』は嘆いているのだ。

「無用の用」のいちばん身近な例は、日常なにげなく交わしている挨拶だろう。あんなものは、なくてもいっこうに差し支えないように思えるが、さにあらず。人間関係を円滑にするのに、たいへん役立っている。ろくに挨拶もせず、先方の顔を見たとたんに商談をすすめても、上手くいくはずがない。有能なセールスマンというのは、例外なく世間話の大家でもある。

人間も同じで、「無用の用」が蓄積されてこそ大成されていく。

正しい決断法とは？

4 人《ひと》は流水《りゅうすい》に鑑《かん》みるなくして、止水《しすい》に鑑《かん》みる

《人莫鑑於流水、而鑑於止水》

流れる水はざわついているので、人の姿を映し出すことができない。静止した水は澄みきっているので、あるがままに人の姿を映し出す。人間も、静止した水のように澄みきった心境になれば、いついかなる事態に遭遇しようと、あわてることなく正しい判断を下すことができる。

この言葉を私たちの日常生活に生かすとすれば、決断するときに当たるのではないかと思う。ビジネスマンの場合、地位が上がれば上がるほど、何事かを決断するときにはいろいろな要素がからんでくる。当然、他人《ひと》の意見も聞くだろうし、なかには祈禱師や占い師に頼る人もいる。

しかし、最後は自分で決断を下さなければならない。他人の意見や既成概念にとらわれていては、「流水」と同じで心が波立ち、正しい判断ができなくなる。雑念を振り払った「止水」の心境になってはじめて、正しい決断ができるのだ。

『荘子』はまた「鑑明《かがみめい》なれば塵垢《じんこう》とどまらず、止《とど》まれば明《めい》ならざるなり」ともいっている。先の「人は流水に……」とともに、ここから「無心の境地」を表わす「明鏡止水《めいきょうしすい》」という言葉が生まれた。

「忘れられる力」をつける

5 坐忘《ざぼう》

《坐忘》

仏教用語としても使われるが、もともとは『荘子』から出ている。五体から力を抜き去り、いっさいの感覚をなくし、身も心も虚《うつろ》に成りきった状態をいう。老荘思想の原点のひとつであり、「明鏡止水」と同じく、「無心の境地」と考えてもよいだろう。

『荘子』には、孔子とその高弟・顔回《がんかい》とのこんな会話が紹介されている。

あるとき、顔回が「私は仁義を忘れることができました」というと、孔子は「それは結構だが、まだ十分とはいえない」と答えた。その後、さらに顔回が「私は礼楽《れいがく》を忘れることができました」というと、孔子は「よし、よし、だが、まだ十分ではない」と答えた。また何十日かたって、顔回はふたたび師に告げた。「私は坐忘することができるようになりました」。

孔子はこのときはじめて、「よくぞそこまで進歩した。私も後れを取らぬようにしなければ」と答えたという。いささか禅問答めくが、要するに、身も心も虚に成りきったとき、人間は無限の自由を獲得できる。それによって、固定観念や既成概念にわずらわされることなく、正確な判断を下せるのだという。

玉砕の「愚」と逃亡の「賢」

6 蟷螂《とうろう》の臂《ひじ》を怒《いか》らして以《も》って車轍《しゃてつ》に当《あ》たるがごとし

《猶蟷螂之怒臂以当車轍》

蟷螂はカマキリ。カマキリが鎌を振りあげて車輪に立ち向かっていくことで、無謀な行動の譬えに使われる。西洋風にいえば、風車に立ち向かうドン・キホーテといったところだろう。なお、同じような譬えで、『文選《もんぜん》』に「蟷螂の斧《おの》を以って隆車《りゅうしゃ》の隧《みち》を禦《ふせ》がんと欲す」とある。「臂」も「斧」も意味は同じである。

カマキリが鎌を振り上げた姿はいかにもカッコいいけれど、「車轍」や「隆車」（竜車）が相手では、はじめから勝負はわかっている。それなのに日本では、そういう玉砕戦法がなぜか人気がある。「こうなったらもう当たって砕けるしかない」などと平気でいって実行する。その心意気は買ってもいいが、『荘子』にいわせれば、成算ゼロの戦いを挑むのは愚の骨頂ということになる。自分の力をわきまえ、相手の力を知ってこそ勝算も生まれてくる。『孫子』でも「彼を知らず己《おのれ》を知らざれば、戦う毎《ごと》に必ず殆《あや》うし」と説いている。

勝算がないときは、もう逃げるしかない。逃げることは決して恥ではなく、その間に戦力を温存しておけば、また情勢が変わって勝てるチャンスがめぐってくる、というのが、『荘子』にかぎらず中国流の考え方といっていい。

「不敵」と「無敵」の差

7 これを望《のぞ》めば木鶏《もくけい》に似《に》たり

《望之似木鶏》

ここでも『荘子』一流のフィクションが語られている。昔、中国に紀渻子《きせいし》という闘鶏を訓練する名人がいた。あるとき、王の依頼で一羽の鶏を訓練することになった。十日後、王が催促すると紀渻子は答えた。

「まだでございます。やみくもに殺気立って、しきりに敵を求めております」

その後も王は何回も催促したが、四十日たってようやく紀渻子は答えた。

「もう大丈夫です。そばでほかの鶏がどんなに鳴いて挑んでも、いっこうに動ずる気配がありません。見たところ、まるで木彫りの鶏のようです（これを望めば木鶏に似たり）。これは徳が充満している証拠で、ほかの鶏どもはその姿を見ただけで逃げていきます」

人間も同じである。徳が内に充満している人は、無言の説得力で周囲の人々を感化する。『荘子』はここで理想の指導者像を描いている、と考えられる。

不世出の名横綱・双葉山は、稽古場に「木鶏」と大書した額を掲げて稽古に励んだ。連勝記録が六十九で断たれたとき、尊敬する先輩に「ワレイマダモクケイタリエズ」という電報を打ったという。

「期待されない」強さ

8 直木《ちょくぼく》は先《ま》ず伐《き》られ、甘井《かんせい》は先《ま》ず竭《つ》く

《直木先伐、甘井先竭》

材木にするにはまっすぐな木から伐り倒される。井戸も、うまい水の出るものから飲みつくされるのだという。人間にも同じことがいえるのではあるまいか。会社の上司に、あいつはよく働くし気が利くと思われると、便利屋みたいに重宝がられて使い捨てにされる恐れがある。また、抜きんでて頭角を現わしたりすると、何かのときに足を引っぱられやすい。

『荘子』はそれとは違った生き方の例として「意怠《いたい》」という鳥を挙げている。

この鳥はバタバタ羽ばたくだけで、これといって能力がない。ほかの鳥に引きずられるように飛び立ち、尻をたたかれるようにしてやっとねぐらに帰ってくる。進むときも先頭に立たず、退くときもしんがりをつとめようとしない。餌をとるときも決して先を争わないので、仲間はずれにされることもないし、危害を加えられることもない——。

現代のような競争社会を生き抜くためには、こんな調子では少々頼りないかもしれない。だが、平凡でも自分のペースを守りながら生きる「意怠」の生き方には、捨てがたい魅力がある。

信頼していい人、ダメな人

9 利《り》を以《も》って合《がっ》する者《もの》は、窮禍患害《きゅうかかんがい》に迫《せま》られて相棄《あいす》つ

《以利合者、迫窮禍患害相棄也》

利害関係で結ばれた者は、苦境や困難に直面すると、簡単に相手を見捨ててしまう。その逆の関係を、『荘子』は「天を以《も》って属《ぞく》する者は、窮禍患害に迫られて相収《あいおさ》む」といっている。「天を以って属する」とは、深い信頼関係で結ばれていることで、そういう友人関係なら、苦境に立ったときでも親身になって助け合う、ということである。

損得勘定で結ばれた人間関係がいずれ破綻することは、誰でも知っている。たとえば、大会社の課長、部長級になると、交際範囲も広くなる。取引き相手によっては、もみ手をせんばかりに親しくつき合ってくれる。ところが、そんな部長氏が独立して仕事の話をもちかけると、相手の態度が変わる。商売が行き詰まったときなど、見向きもされない。

おれはあいつにこれだけのことをしてやったんだから、あいつもお返しをしてくれていい、などと考えたら、その友人関係は本物でない証拠といっては厳しすぎるだろうか。少なくとも、金銭で結ばれた関係は、いざとなるとアテにできないと心得ておいたほうが賢明だろう。

大局を見る目

10 蝸牛角上の争い《かぎゅうかくじょうのあらそい》

《蝸牛角上之争》

昔、魏《ぎ》の国の恵王《けいおう》が斉《せい》の国を攻撃しようとしたとき、戴晋人《たいしんじん》という賢者が恵王に目通りを願い出て、こう進言した。

「カタツムリ（蝸牛）の左の角に触《しょく》氏という国があり、右の角には蛮《ばん》氏という国があって、絶えず領土争いをくり返しておりました。あるときなどは激戦十五日にわたり、双方の死者数万を出すに及んでようやく兵を引いたほどです。地上の戦いも、みなこの類いではありませんか」

つまり、宇宙の彼方からみれば、国同士の戦争も「蝸牛角上の争い」みたいなものだ。そんなちっぽけなくだらないことはやめて、もっと大きな目で政治をしなさい、と戴晋人は忠告したのである。ここから、「蝸牛角上の争い」は、ちっぽけなことの譬えに使われるようになった。

私たちは、何事につけて自分を正当化し、相手と黒白をつけたがる。しかしそれは、大局的見地からみればごくつまらないことかもしれない。「蝸牛角上の争い」の譬えを思い起こせば、自分を客観視して頭を冷やす効果があるのではないかと思う。

知識は呑まずに咀嚼せよ

11 君《きみ》の読《よ》む所《ところ》のものは古人《こじん》の糟魄《そうはく》のみ

《君之所読者、古人之糟魄已》

「糟魄」とはカスのこと。『荘子』は、次のような話を引いている。

昔、斉の桓《かん》公が読書をしていると、庭先で仕事をしている車大工が声をかけてきた。「その本はどなたがお書きになったんですか」「昔の聖人が書いたものだ」「その方はいまもご健在で？」「いや、とっくに亡くなられた」「それじゃ、お読みになっているのは、昔の人のカスみたいなものですね」――桓公はムッとしたが、車大工はさらに続けていった。

「たとえば、車の軸受けをぴったりつくるコツは、言葉では説明できません。口をすっぱくして倅《せがれ》に教えておりますが、なかなかおぼえません。昔の偉い人も、肝心なことは言葉で残せなかったのではないでしょうか。してみると、いまお読みになっているその本は、昔の人のカスみたいなものでしょう」

もちろん、この皮肉を全面的に受け入れてしまうと、『荘子』自体立つ瀬がなくなってしまう。要するに、これは知識万能に対する警告と受け取ればいい。どんな名著でも、読んで鵜呑みにするのでは、それこそ糟魄にしかならない。自分の頭で考え、どこまで咀嚼できるかが問題なのである。

君子の交わり、小人の交わり

12 君子《くんし》の交《まじ》わりは淡《あわ》きこと水《みず》の若《ごと》し

《君子之交淡若水》

ある作家の随筆で、こんな話を読んだことがある。

深夜、執筆の息抜きに散歩に出て友人作家の家の前を通ると、書斎に灯りがついている。あいつもやってるな、と思ってそのまま通りすぎる——。

ここで、灯りがついているからといって上がりこんでしまっては、「君子の交わり」にはならないのである。

『荘子』のこの言葉は日本でもかなり有名で、より簡単に「君子淡交」ともいったりする。「君子」とは、イギリス流のジェントルマンと思っていいだろう。「君子」の反対が「小人」。『荘子』は続けて、「小人の交わりは甘きこと醴《れい》（甘酒）の若し」といっている。

つまり、水のように淡々とした交わりは、飽きが来ないので長続きする。ベタベタとまとわりつくようなつき合いは、くっつくのも早いが、別れるのもまた早いのだという。

私は、これは人間関係の〝間合い〟を説いたものと解している。この間合いは、相手に対する思いやりといい替えることもできそうだ。

人生の「名人度」

13 寿《いのちなが》ければ則《すなわ》ち辱《はじ》多《おお》し

《寿則多辱》

昔、聖王の尭《ぎょう》が華《か》という土地へ視察に行った。土地の役人は尭のために「たくさんの男の子が授かりますように。富に恵まれますように。そして長生きできますように」と祝福を捧げたが、尭は受けようとしない。役人がその理由を訊ねると、尭はこう答えた。

「男の子が多いと心配事が絶えない。金持ちになるとわずらわしいことがふえる。長生きすれば、それだけ恥をかく機会が多くなる。だから、せっかくだけれどお断わりした」

たしかに、これもひとつの見識にちがいない。が、『荘子』は尭の見識に拍手を送ったわけではない。むしろ、そのようなことにこだわっているうちは、まだまだ人生の名人、達人の域からはほど遠い、と批判しているのである。

ひとつの価値観を信奉して、それをかたくなに守っていこうとすれば、どうしても生き方に無理が生じてくる。『荘子』は、世間の価値観を超越したところに本当の自由がある、というのだが、そこに到達するのはなまやさしいことではない。だからこそ『荘子』は面白い、ともいえるのだが。

人は人、我は我

14 我《われ》を馬《うま》と呼《よ》ば、これを馬《うま》と謂《い》わん

《呼我馬也、而謂之馬》

ある男が老子の評判を聞いて会いにきたが、家じゅう散らかっているのを見て驚いた。だらしないことおびただしい。男はさんざん毒づいて帰ったが、さすがに気がとがめたのか、翌日、非礼を詫びにきた。すると老子は平然といった。

「あなたは、知者だの聖人だのといった観念にとらわれているようだが、私はそんなものはとっくに卒業したつもりだ。昨日、あなたが私を馬だといったら、私は馬だと認めたろう（我を馬と呼ばば、これを馬と謂わん）。人がそういうからには、それなりに根拠があるはずだ。それに逆らえばいっそう手ひどい目に遭う。私はいつでも人に逆らったりしない」

『荘子』もまた、何物にもとらわれない老子の自然流の生き方に、全面的に賛同しているのである。同じような逸話は、勝海舟にもある。

福沢諭吉が『瘦我慢《やせがまん》の説』を書いて勝海舟と榎本武揚《えのもとたけあき》の二幕臣の身の処し方を批判したとき、勝はこう答えた。

「行蔵《こうぞう》は我に存す、毀誉《きよ》は他人の主張、我に与《あず》からず我に関せずと存じ候」

批判のあることは認めながら、それにとらわれない生き方を語っているのだ。

二度とない人生の楽しみ方

15 窮《きゅう》もまた楽《たの》しみ、通《つう》もまた楽《たの》しむ

《窮亦楽、通亦楽》

ごく簡単に「窮」は貧乏、「通」は金持ちと考えていい。二度とはない人生である。それぞれの境遇に応じて人生を楽しみなさい、と『荘子』はいっている。

中国を旅行すると、生活のレベルは日本より低いことがひと目でわかる。が、あくせくとした日本人より、ゆったりと人生を楽しんでいるように見える。

日本人は、人生を楽しむことにかけては、あまり上手な国民とはいえないようだ。金がなければなおさらだし、金をもっている人でも、どこかギクシャクしたところがある。大企業の役員までつとめていまは悠々自適の生活を送っている知人が、こういっていた。

「暇になったら、ヘドが出るほどゴルフをやろうと思っていたんで、毎日練習場に通って、相手を見つけてはコースにも出た。ところが不思議なもので、念願かなったはずなのに、ちっとも楽しくない。なんかこう、義務感にせっつかれてる感じなんだな。そのうちに練習場へも行かなくなったけれど、つくづくおれは、人生の楽しみ方を知らない男だと思ったよ」

ゴルフは、〝月イチ〟くらいだからこそ、面白いのかもしれない。

第三章

孫子

◎戦わずに勝つ——人生という戦で負けない法◎

「絶対負けない理論」を追求
――最後に笑う真の勝利とは

戦後の日本で、いちばん広く読まれてきた中国古典のひとつが、この『孫子』と呼ばれる兵法書かもしれない。

二千五百年ほど前にまとめられた本が、なぜそれほど読まれているのか。やはり、そのなかで説かれている戦略・戦術が、いまでも有効性をもっているからであろう。ただたんに戦《いくさ》のかけひきだけではなく、人生を生きていくうえでも参考になる点が少なくないのである。

『孫子』は、どうすれば戦いに勝てるか、どうすれば負けない戦いができるか、その理論を追求した本であるが、そのさい前提になっている考え方が二つある。

第一は、戦わずして勝つ、ということだ。戦いに訴えて相手を屈服させるのは最低の策であって、戦わずして目的を達するのが理想の勝ち方だというのである。

なぜなら、武器をとっての戦いともなれば、どんなに上手く戦っても味方にも損害が出る。下手をすれば国力の疲弊を招きかねない。そんな勝ち方は、かりに勝ったとしても誉められた勝ち方ではないのだという。

では、戦わずして勝つにはどんな方法が考えられるのか。たとえば外交交渉である。これで紛争を解決することができれば、あえて戦いに訴えなくてもこちらの目的を達することができる。こういう勝ち方が望ましいのだという。そういう意味では、『孫子』の考え方は政治優位の思想に立脚しているといってよい。

第二の前提は、勝算なきは戦うなかれ、ということだ。つまり、戦いを始めるからには、事前にこれなら勝てるという見通しをつけてからやれ、というのである。

なんだ、当たり前のことではないか、とおっしゃる向きがあるかもしれない。たしかに、当然といえば当然のことである。しかし、われわれ日本人は、勝算も立たないのに「それ行け、やれ行け」をやりがちである。現代の企業戦略にもそのきらいがないでもない。『孫子』は、そんなやり方を厳しく戒めているのだ。

この二つの前提のうえに立って戦略・戦術の理論を追求しているのが、『孫子』である。その特徴をひと言でいえば、きわめて柔軟、かつ合理的な発想に貫かれていることだ。そういう意味でこの本は、とくに現代の管理職にとっても必読の文献である、といってよい。

勝算五分は「敗算」も五分

1　算多《さんおお》きは勝《か》ち、算少《さんすく》なきは勝《か》たず

《多算勝、少算不勝》

勝算の多いほうが勝ち、少ないほうが敗れる。『孫子』はさらに「而《しか》るを況《いわん》や算なきに於《お》いてをや」とダメを押している。勝算がなかったら、勝てるはずがない、というのである。

いわゆる「孫子の兵法」は、「勝算なきは戦うなかれ」という考え方が前提のひとつになっている。もちろん、勝算といっても、人間同士の戦いだから十割の勝算はありえない。『孫子』は具体的な数字を出していないが、少なくとも八分くらいの勝算をめどにして戦え、といっているのではないか。この辺が、日本人の考え方とは大違いなのである。

日本人は、勝算五分でも戦いを挑んでしまう傾向が強い。日露戦争当時、陸軍の知恵袋ともいわれた児玉源太郎大将は、どうひいき目にみても五分しかない勝算を、六分に引きあげるのに苦心惨憺したという。国家の存亡を賭けての戦争でさえ、ろくな勝算も立たないのに「それ行け」で突っ走ってしまうくらいだから、ほかは推して知るべし。『孫子』を熟読玩味すべきゆえんでもある。

戦わずに勝つ

2 百戦《ひゃくせん》百勝《ひゃくしょう》は善《ぜん》の善《ぜん》なるものに非《あら》ず

《百戦百勝非善之善者也》

百戦百勝したとしても、最善の策とはいえないのだという。つまり、戦わずして勝つのが理想であって、その方法としては次の二つが考えられる。

①外交交渉によって相手の意図を封じこめる。

②謀略活動によって相手を内部から崩壊させる。

中国は、武力だけでは抑えこめないほどの広さをもっている。だから、天下を取るようなリーダーは、まず戦わずして勝つことを考えざるをえなかった。

戦いを起こせば、たとえ勝っても味方も血を流す。また、相手を屈伏させても憎しみは残る。情勢が変われぱいつ反旗を翻してくるかわからない。政治交渉で相手を封じこめれば、新たな敵が出現したときに同盟を結んで、ともに戦うことも期待できる。こう考えていけば、惨めな勝利よりも賢明な敗北のほうがましだともいえる。

百戦百勝したところで、あまり喜ばしい結果に結びつかない。ひところの日本の経済活動などもその好例であった。『孫子』に学んでいれば、まったく別の道を取ったかもしれない。

「必勝」の極意

3 彼《かれ》を知《し》り己《おのれ》を知《し》れば、百戦《ひやくせん》して殆《あや》うからず

《知彼知己、百戦不殆》

主観的、一面的な判断を戒めた言葉としてあまりにも有名なので、ことさら解説を加える必要はないかもしれない。だが、頭では理解しているつもりでも、いざ実行となるとなかなか難しいのではないか。

毛沢東は晩年こそいささか評価を下げたが、抗日戦争を指揮した壮年期には、的確な戦略・戦術を編み出した文句なしのリーダーだった。その当時、同志にこう呼びかけている。

「孫子は軍事を論じて、『彼を知り己を知れば、百戦して殆うからず』と説いている。わが同志のなかには、問題を見るのにとかく一面性を帯びる者がいるが、こういうのはしばしば痛い目に遭う」

いまでは戦争にかぎらず、なにかを始めるとなったら、可能なかぎり事前調査をするのが常識になっている。その場合、データが多いのにこしたことはないが、果たして十分に活用されているだろうか、となると大いに疑問がある。「彼を知る」ことばかりに夢中になって、それ以前の「己を知る」ことを怠っているような気がしてならない。

無理のない勝ち方が大事

4 善《よ》く戦《たたか》う者《もの》は勝《か》ち易《やす》きに勝《か》つ者《もの》なり

《善戦者勝於易勝者也》

私は将棋にはあまり詳しくないが、専門家の話を聞くと、将棋の大山康晴十五世名人は「勝ち易きに勝つ」人のようだった。「勝ち易きに勝つ」とは、余裕をもって勝つことを意味する。無理のない自然な勝ち方といってもよい。

大山名人は、相手が攻めてくる一手前に用心しておく。相手はあらゆる手を封じられてしまうので、名人のほうは難しい妙手を一手も指さないで、ごく自然に勝ってしまったという。それだけ読みが深いということだろう。

野球でも、守備のヘタな野手ほどファインプレーをするといわれている。打球の行方を見てから追うので、どうしても逆シングルやスライディング・キャッチになる。守備の上手い野手は、あらかじめ打者のクセと投手の配球を読んで守備位置を変え、打者が打った瞬間にスタートを切っているので、難しい打球でも楽々と体の正面で捕ってしまうのだ。

勝負事やスポーツにかぎらない。状況に対する深い読みさえあれば、何事も余裕をもって対処できる。ドロナワ式にバタバタとやって勝つよりも、自然流のやり方で楽々と勝つ。そんな勝ち方を目指したい。

「勢い」は最強の力

5 善《よ》く戦《たたか》う者《もの》はこれを勢《せい》に求《もと》めて人《ひと》に責《もと》めず

《善戦者求之於勢不責於人》

戦上手《いくさじょうず》は、まず何よりも勢いに乗ることを重視し、ひとりひとりの兵士の働きに過度の期待をかけないのだという。『孫子』は、さらにこう解説している。

「勢いに乗れば、兵士は坂道を転がる丸太や石のように思いがけない力を発揮する。（中略）勢いに乗って戦うとは、丸い石を千仞《せんじん》の谷底に転がすようなものだ」

『孫子』に則れば、組織の管理も大切だが、もっとも大切なのは組織全体を勢いに乗せることである。たしかに勢いに乗れば、組織を構成する一の力が三にも五にもなり、それが組織全体を一大飛躍させることにもなる。

スポーツでも、勢いに乗ったチームがいちばん怖いという。六十一年のラグビー日本一を決める試合の直前、慶応大学のロッカーで、上田昭夫監督は選手全員を前に大学日本一の賞状を引き裂き、ゲキを飛ばした。「こんなものはいまのお前たちには必要ない。必要なのは日本一の賞状だ」――上田監督の目から涙が溢れ、選手も泣いた。

この勢いを駆って、無名集団といわれた慶応はトヨタを破り、日本一の座についた。あとでわかったのだが、上田監督が引き裂いた賞状はコピーだったという。

主導権は「勝利権」

6　善《よ》く戦《たたか》う者《もの》は人《ひと》を致《いた》して人《ひと》に致《いた》されず

《善戦者致人而不致於人》

「人を致す」とは主導権を握ることである。有利に戦いを進める鍵は、主導権を握ることにある。毛沢東も、『孫子』に則ってこういっている。

「あらゆる戦争において、敵味方は主導権の奪い合いに力をつくす。主導権とはすなわち、軍隊の自由権である。軍隊が主導権を失って受動的な立場に追いこまれると、その軍隊は自由を失い、敵にしてやられてしまう」

主導権を握れば、余裕をもって戦うことができる。それだけ作戦選択の幅が広くなり、思いきった手を打つこともできる。つまりは「先手必勝」である。

V９を達成した川上哲治元巨人軍監督の野球が、まさにそうだった。川上野球は、まず先取点を挙げて主導権を取ることに徹した。そのためにバントを多用し、確実に走者を進塁させる。先取点を取ると、今度は一転してヒット・エンド・ランや盗塁を多用し、積極的に攻める。相手が浮き足立つと、ここぞとばかりに攻めたてた。

当然のことながら、主導権を握るには、状況を正確に読まなければならない。相手より一歩先に勝機をつかむことが、勝負の重大な分岐点になってくる。

変幻自在の戦略

7 兵《へい》の形《かたち》は水《みず》に象《かたど》る

《兵形象水》

「孫子の兵法」によれば、将たる者は、まず第一に原理・原則を頭に叩き込んでおかなければならない。が、だからといって石頭では困る。ときに応じて、原理・原則を運用しなければならない。つまり、刻々と変化する状況に応じて、こちら側も変幻自在に戦略を変えていくことが要求される。

それを語っているのが、「兵の形は水に象る」である。水は巨大なエネルギーを秘めているが、その形は柔軟そのものといっていい。『孫子』は、戦い方は水の姿に学べ、と説いている。

「水には一定の形がないように、戦い方にも不変の態勢はありえない。敵の態勢に応じて自在に変化してこそ、勝利を握ることができる」

一時代を築いた碁の高川秀格本因坊は、「流水先を争わず」という言葉を座右銘にしていたという。想像するに、ゆったりした水のような陣形を築いて無理をしなかったにちがいない。相手に怖さを感じさせないけれど、いざ戦いが始まると、静かな水がものすごいエネルギーを発揮して敵を粉砕する。まさに「孫子の兵法」の真髄といえそうである。

「静」あってこその「動」

8 其《そ》の疾《はや》きこと風《かぜ》の如《ごと》く、其《そ》の徐《しず》かなること林《はやし》の如《ごと》く、侵掠《しんりゃく》すること火《ひ》の如《ごと》く、動《うご》かざること山《やま》の如《ごと》し

《其疾如風、其徐如林、侵掠如火、不動如山》

武田信玄が、このくだりから「風林火山」の四文字をとって、旗印に掲げたことは広く知られている。ここで注目すべきは、作戦行動における「動」と「静」の対比である。攻めるときは風のように疾く、敵地を侵攻するときは燃える火の勢いをもってする――こういう「動」の作戦行動だけなら、『孫子』に教えられるまでもなく実行した戦国武将が、日本に何人もいる。

が『孫子』は、「動」と同時に「静」の作戦行動をも重視した。攻撃を中断するときは林のように静かにして次の機会を待ち、いったん守りに入ったら山のように動かない――つまり、動いてはならないときの軽挙妄動を戒めている。

信玄は『孫子』から多くを学び、「静」の作戦行動を体得した数少ない戦国武将のひとりだった。その用兵は、つねに『孫子』に忠実だったと伝えられている。

信玄が率いる武田軍団は、無敵と謳われながらも、決して無理な戦いを挑まなかった。信玄は、『孫子』からたんに兵法を学んだだけでなく、その哲学まで理解したものと思われる。

「穴」を知れば落ちない

9 智者《ちしや》の慮《りよ》は必《かなら》ず利害《りがい》に雑《まじ》う

《智者之慮必雑利害》

「智者」とは、判断を誤らない人のこと。智者が判断を誤らないのは、利と害の両面から物事を考える（必ず利害に雑う）からだという。当世風にいえば、トータル思考の勧めである。

俗に「うまい話には落とし穴がある」という。そんなことは誰でも知っているのだが、それに引っかかるのは、自分が得することばかり考えてしまうからにほかならない。あるプロのギャンブラーは、「シロウトさん相手なら、赤子の手をひねるようなものですか」と訊かれて、こう答えている。

「そんなことはありません。私たちはトータルで九勝六敗ならいいと思っているんです。シロウトの方は全勝を狙ってくる。だから、よけい大敗するのです」

プロはちゃんと負けることも計算に入れているというわけである。そういえば『孫子』も、「利益を追求するときには、損失の面も考慮に入れる。そうすれば、物事は順調に進展する」といっている。いい条件のなかから悪い条件を見つけて気持ちを引きしめ、悪い条件のなかからいい条件を発見して希望を捨てないでいく。そんな生き方を心がけたい。

動揺を顔に表わさない

10 軍《ぐん》に将《しょう》たるの事《こと》は、静《せい》にして以《も》って幽《ゆう》なり

《将軍之事、静以幽》

軍を率いるときの心構え、つまりリーダーの心構えは、「静」であり「幽」であれ、といっているのだ。「幽」とは、計り知れないほど奥が深い、という意味である。

ごくわかりやすくいえば、味方がピンチに陥ったときに動揺を顔に表わすようでは、リーダーの資格として十分ではない。組織がピンチになれば、部下は真っ先にリーダーの顔色をうかがう。そんなとき、リーダーがあたふたと動き回ったり、過度に緊張したりすれば、部下はいっそう動揺してしまう。つねに冷静沈着であってこそ、部下の信頼を勝ち得ることができるのだ。

私はよくプロ野球をテレビ観戦するのであるが、監督のなかには試合中、選手と一緒になって喜んだり悲しんだりしている人がいる。あれはいかがなものかと思う。ときにはそういう面もあっていいが、それだけでは困るのである。監督というのは、選手の興奮から一歩距離をおいて、つねに冷静な頭で全体の動きを見守っていなければならない。

これはまたすべての組織リーダーに共通する心構えでもある。

敗者を追いつめるな

11 囲師《いし》には必《かなら》ず闕《か》き、窮寇《きゅうこう》には迫《せま》ることなかれ

《囲師必闕、窮寇勿迫》

敵を包囲したら、必ず逃げ道を開けてやり、窮地に追いこんだ敵には攻撃をしかけてはならない。相手を完全包囲して死地に追いこめば、「窮鼠、猫をかむ」といわれるように、死に物狂いに反撃してくる恐れがある。捨て身になった人間ほど怖いものはない。味方はかなりの損害をこうむるばかりか、大逆転される可能性さえ出てくる。

『孫子』は、相手を根こそぎ殲滅《せんめつ》させてしまう戦い方は賢明ではない、と説いているのだ。これは、たんに軍事ばかりでなく、人間関係にも当てはまる。

たとえば、部下からもっとも嫌われる上司は、部下を叱るときにあらゆる言い訳を許さず、完膚なきまでに部下をとっちめるタイプである。そこまでやられたら、部下は上司を恨みこそすれ、とても仕事に身を入れるどころではない。

人使いの上手い上司は、とことん叱ったあとでも、素知らぬ顔をして相手に救いの道を用意しておく。叱りながら自分の失敗談をとりまぜたり、あるいは、ほかの部下を介して敗者復活戦の道を指示したりするはずである。

どんな相手にも逃げ道くらいは与えておきたい。

相手の「油断」を手に入れよ

12 始《はじ》めは処女《しょじょ》の如《ごと》く、後《のち》には脱兎《だっと》の如《ごと》し

《始如処女、後如脱兎》

後半は「終わりは脱兎の如し」とおぼえている人も多いかもしれない。普通は言動が急変するときの譬えに使われているが、もとの意味は少々違う。また『孫子』の原文はもう少し長く、次のようになっている。

「始めは処女の如くにして、敵人、戸を開き、後には脱兎の如くにして、敵、拒《ふせ》ぐに及ばず」

始めは処女のように振る舞って、わざと敵のねらいにはまったふりをして油断を誘い、そこをすかさず脱兎のような勢いで攻めたてれば、敵は防ぎようがない——ここで「処女の如く」とは、あくまでも敵の目をあざむく演技である。表面ではしとやかに振る舞いながら、実は着々と攻撃態勢を整え、情報活動も展開していなければならない。だからこそ、脱兎のような勢いで攻めこむこともできるのである。『孫子』は、さらにこうもいっている。

「作戦行動の要諦は、わざと敵のねらいにはまったふりをしながら機をとらえて兵力を集中し、敵の一点に向けることである」

つまり、作戦行動における「静」から「動」への転換を説いているのである。

“沈没船”の団結力

13 これを死地《しち》に陥《おとしい》れて然《しか》る後《のち》に生《い》く

《陥之死地然後生》

兵士を死地に投入してこそ、活路が開けるのだという。たしかに、絶体絶命のピンチに遭遇すれば、リーダーが指示するまでもなく、兵士ひとりひとりが全力をあげて、ピンチを脱しようと努力するにちがいない。

この言葉は、現代の組織管理にも当てはまるだろう。会社の経営が悪化すれば、当然、経営者は危機感をもつ。が、上層部だけが危機感をもっても立ち直ることは難しい。やはり、末端の社員ひとりひとりにまで危機感を浸透させ、全員の頑張りを引き出す必要がある。給料がもらえなくなりそうだ、という危機感に迫られれば、社員はいやでも奮闘せざるをえなくなる。

『孫子』はまた、次のような逸話も紹介している。

呉《ご》の国と越《えつ》の国は非常に仲が悪かった。あるとき、呉の住人と越の住人が同じ舟に乗り合わせた。たまたま嵐に遭って舟が沈みそうになると、仲の悪い者同士が一致協力して危機を脱した――「呉越同舟」という言葉は、利害関係の対立する者同士が同じテーブルに着くという意味にだけ使われているが、もともとは組織管理の要諦として説かれているのだ。

つねに有利に戦うために

14 佚《いつ》を以《も》って労《ろう》を待《ま》ち、飽《ほう》を以《も》って饑《き》を待《ま》つ

《以佚待労、以飽待饑》

「腹が減っては軍《いくさ》はできぬ」と、古人も語っている。たしかに、空腹のまま戦いに臨んだのでは、どんな勇士でも力を発揮することはできない。事を始める前には、まず腹ごしらえをしてかかる必要がある。『孫子』のこの言葉も背景にあるのはそれと同じ思想であるが、違っているのは、これを戦略戦術に活用しようとしているところである。

「佚」とは、のんびり休養をとっている状態、「労」とは、疲れている状態。「飽」と「饑」については説明するまでもあるまい。つまり、わが方は十分に食べてたっぷり休養をとり、饑えて疲れている敵を迎え撃つ、というのである。なるほど、これなら有利に戦いを進めることができるであろう。

では、敵方が十分に食べてたっぷり休養をとっていたらどうするのか。これではははじめから苦戦を免れない。そこで、まず敵の糧道を断って飢えさせ、策をこうじて奔命に疲れさせたうえで決戦を挑むのである。これなら、強敵を破ることも夢ではないかもしれない。

『孫子』の発想はあくまでも柔軟であって、どこにも無理がないのである。

情報に金を惜しむな

15 爵禄《しゃくろく》百金《ひゃっきん》を愛《お》しみて敵《てき》の情《じょう》を知《し》らざる者《もの》は、不仁《ふじん》の至《いた》りなり

《愛爵禄百金、不知敵之情者、不仁之至也》

戦争には莫大な費用がかかる。とくに長期戦ともなればなおさらだ。かりに勝ったとしても、財政は底をつき、国民の苦しみたるや並みたいていのものではない。だから、戦争の発動に当たってはくれぐれも慎重にしなければならないとは、『孫子』の力説するところである。

戦争の発動に当たって重視されなければならないのは、情報の収集である。敵方の国力、戦力などもろもろの情報を収集し、そのうえで動くべきかどうか決断しなければならない。この情報収集に要する費用は、戦争そのものにかかる費用とくらべると、ごくわずかな額にすぎない。ところが世の中には、そのわずかな費用を出し惜しんで、戦争を発動する者がいる。『孫子』にいわせると、そんな指導者は「不仁の至り」——大きな思いやりに欠けているのだという。なぜなら、多数の死傷者を出して国民に苦しみを強いるからである。

要するに、「情報の収集に金を出し惜しむな」といっているのである。それは『孫子』の時代と違って情報があふれている現代も同じである。

第四章

韓非子

◎部下をコントロールする最高のノウハウ◎

人に気づかれず人を動かす〝操縦術〟
――リーダーたちの理論的支柱

『韓非子』は、徹底した人間不信の哲学のうえに立って、リーダーのあり方を追究した本である。

中国の古典は、程度の差はあっても、リーダー論を重要な柱にしているが、それを人間不信の哲学のうえに立って構築しているところに、『韓非子』の特異性があるといってよい。

『韓非子』は、人間は利益によって動く動物だと喝破した。当然、それぞれの立場によって、追求する利益も異なってくる。だとすれば、頭から相手を信頼してかかるのは、危険このうえないことではないか。

こういう覚めた人間観のうえに立って、『韓非子』は独特の統治理論を展開する。その中核をなしているのは、法、術、勢の三つの要件だ。

第一の「法」とは、読んで字のごとく、法律のことである。これは人民の従うべき唯一絶対の規準であり、はっきりと明文化して人民に示しておかなければならない。トップは、この法を周知徹底させて組織を掌握し、自分はそのうえに立って黙ってにらみをきかせていればそれでよいのだという。

第二の「術」とは、法を運用して部下をコントロールするためのノウハウのようなものである。

『韓非子』によれば、「術は人に見せるものではない。君主が胸のなかに収めておき、あれこれ見くらべて、秘密のうちに部下を操縦するものである」という。

第三の「勢」とは、権勢とか権限という意味である。権力にはカナメの部分がある。そういうカナメの部分を握っている状態が勢にほかならない。

以上のように、法を貫徹して術を駆使し、勢を握って部下をコントロールするのが組織管理の要諦である、と『韓非子』は主張した。

『韓非子』の著者が韓非《かんぴ》である。若いころ、荀子《じゅんし》のもとに学んだ彼は、諸家の学説を取り入れて独特の統治理論を完成した。その所説は、やがて秦王政、のちの始皇帝の認めるところとなり、秦に招かれたが、その才能をねたまれて非業の死を遂げた。

だが、秦王政が全中国を統一したとき、天下統治の理論的支柱としたのは、この不運な思想家の所説であった。また、のちの為政者たちがひそかに拠り所としたのも、この『韓非子』であったといわれる。

「アメ」と「ムチ」の使い分け

1 明主《めいしゅ》の其《そ》の臣《しん》を導制《どうせい》する所《ところ》は二《に》柄《へい》のみ

《明主之所導制其臣者二柄而已矣》

「どうすれば部下を使いこなすことができるのか」。これは、昔から組織のリーダーが頭を悩ませてきた問題である。中国古典も、さまざまな角度からこの問題を取り上げてきたが、そのなかで、性悪説に立つ『韓非子』の説くところは、すこぶる異色でありながら、ずばり核心に迫っている。

これもそのひとつで、明君というのは二つの柄（ハンドル）を握っているだけで部下を使いこなすのだという。これだけではわかりにくいので、もう少しその主張に耳を傾けてみよう。

「二つの柄とは、刑と徳である。では刑徳とは何か。刑とは罰を加えること、徳とは賞を与えることだ。部下というのは、罰を恐れ賞を喜ぶのがつねである。だから罰と賞の二つの権限を握っていれば、ふるえあがらせたりてなずけたりして、思いのままにあやつることができる」

賞罰の権限を握って放すな、それが部下を使いこなすコツなのだという。現代の企業でいえば、さしずめ人事権ということになろうか。これを手放したら、もはや名のみのトップに成り下がったも同然、ということである。

「目前の利」の代償は高い

2 小利《しょうり》を顧《かえり》みるは則《すなわ》ち大利《だいり》の残《ざん》なり

《顧小利則大利之残也》

晋《しん》が虢《かく》を攻略したときのことである。虢に攻め入るには、虢の隣国、虞《ぐ》を通過しなければならない。そこで晋王は、貴重な駿馬《しゅんめ》と玉《ぎょく》を虞公に贈って虞の国内を通過する許可を求める。虞の重臣たちは、「もし、虞ともちつもたれつの関係にある虢が滅びれば、虞も同様の運命を歩むことになるだろう。晋の贈り物は受け取るべきでない」と虞公に進言するが、駿馬と玉に目がくらんだ虞公は聞く耳をもたず、晋軍の通過を許してしまう。おかげで晋はたやすく虢を攻略する。だが、それからわずか三年後に、虞もまた晋によって滅ぼされてしまう。

虞公は、駿馬と玉という目先の利益にとらわれて国を失ってしまった。彼が支払った代償はあまりに高くついたようだ。『韓非子』はこの例から、「目先の利益にとらわれると、大きな利益を失ってしまう」と説いているのである。

しかし、いまの世の中、こんな虞公を愚か者と笑える資格のある人がどれほどいるだろうか。誰でも、虞公のような立場に立たされれば、ついつい大局を見失ってしまうものだ。目の前においしいニンジンをちらつかされると、それに目を奪われてつい走らされてしまうのは、なにも馬ばかりではない。

3 知《ち》の難《かた》きに非《あら》ず、知《ち》に処《しょ》するは則《すなわ》ち難《かた》し

《非知之難也、処知則難也》

物事を知ることは難しいことではない。難しいのは、知ったあとでいかに行動するかにある、という意味である。いまふうにいえば、情報を入手するよりも、その情報をどう生かすかが難しいということだろう。

鄭《てい》の武公《ぶ》が、胡《こ》を攻略しようとしたときのことである。武公はまず自分の娘を胡の王に贈り、胡王の機嫌をとっておいてから部下を集めていった。「領土を拡張しようと思うが、どの国から攻めたものだろうか」。すると、関其思《かんきし》という重臣が答えた。「胡の国がよろしいでしょう」。それを聞いた武公は、「胡は兄弟の国である。それを討てとは何事か」と烈火のごとく怒って、関其思を処刑してしまった。この一件を伝え聞いた胡王は、安心して鄭に対する警戒を緩めた。それから間もなく鄭はなんなく胡を攻略したという。

どうせ討つなら、鄭王の娘をもらって油断している胡を討てという関其思の意見は正しい。しかし、いくら正しい意見でも、自分の置かれた立場、状況を考慮に入れずに発言するなら、かえって自分の身を危うくする。情報はその使い方、生かし方が大切なのである。これは、いまも昔も変わらない。

「急場」には「近場」が命

4 遠水《えんすい》は近火《きんか》を救《すく》わず

《遠水不救近火也》

昔、魯《ろ》という国があったが、強大な隣国、斉《せい》からの圧力に苦しんでいた。そこで魯王は、自分の息子たちを晋《しん》と楚《そ》に仕えさせて両国との関係を緊密化しておき、緊急の事態にはこの両国に援助を頼もうと構想した。

それを見た重臣の犁鉏《りしょ》が王を諫めていった。

「目の前に溺れかけている者がいるとしましょう。越《えつ》の人間は泳ぎが上手いからといってわざわざ助けを求めに行っても、間に合うはずがありません。また、火事が起こったときに、海なら水がいっぱいあるからといって海の水を引いてこようとしても、これまた間に合いますまい。遠水は近火を救わずなのです。晋や楚は強国ではありますが、なにしろ遠いところにあります。隣国の斉に攻められたとき、その助けを当てにすることはできますまい」

つまり、遠水は近火を救わずとは、遠くにあるものでは急場の役に立たないということの譬えである。

これを日本風にいえば、「遠い親戚より近くの他人」というところだろうか。困ったときに役に立つのは、身近なところにいる相談相手のはずである。

「誠」に勝る「策」なし

5 巧詐《こうさ》は拙誠《せっせい》に如《し》かず

《巧詐不如拙誠》

「巧詐」とは、巧みに表面をとりつくろうようなやり方のこと。一時的にはすばらしい策のように思えるが、長い間にはかえって周囲の反発を買う危険性が高い。これに対して「拙誠」とは、つたなくても心のこもったやり方のことで、愚直かもしれないが、のちには多くの人の心をつかむことができる。つまり、巧みに人をだますようなやり方よりは、たとえつたなくとも誠実に対応していくほうが、長い目で見るとはるかに勝っているというのである。

一見、巧詐のもてはやされそうな現代だが、人間関係の基本というのは、いまも昔もそれほど変わっているわけではない。巧詐を好む人は、一時的には人の目をごまかして上手く立ち回ることはできる。したがって、その場その場でそれなりの利益を得ることはできよう。しかし、長い間には馬脚をあらわし、人々から信頼されることがないし、結局は大きな利益を得ることもできまい。

それに対して拙誠の人は、すぐに人の心をつかむことはできないかもしれないが、時を経ればじわじわと人の心にしみ入り、最終的には人望と支持を集めることができよう。日本にも「急がばまわれ」という言葉がある。

罠にかかるほうが甘い

6 戦陣《せんじん》の間《かん》は、詐偽《さぎ》を厭《いと》わず

《戦陣之間、不厭詐偽》

舅犯《きゆうはん》という重臣が晋《しん》の文公（重耳《ちようじ》）にいった言葉で、戦争の場合には、あえて謀略をもって敵を欺くこともしなければならない、という意味である。戦争の手段にきれいも汚いもない。要は、ありとあらゆる手段をつくして相手を騙し欺き、最終的に勝利をものにすることだと『韓非子』は説いている。「孫子の兵法」にいう〝兵は詭道《きどう》なり〟も、これに近い。

一般に日本人は、ペテンや謀略というものを嫌う傾向が強いのではないか。しかし、ペテンや謀略は、人間の社会にはつきものである。まして国と国との戦争ともなれば、日常茶飯事といってよい。謀略やペテンは、それを仕かける側が悪いというよりは、その罠にかかるほうが甘いのである。

人生は、ある意味で戦いである。この戦いを生き抜いていくには、こうした謀略に引っかからないような慎重な生き方が望まれるのである。こちらからあえて相手をペテンにかけることは控えたほうがよい。だが、現代のようなせせこましい世の中を渡っていくには、いたるところに罠がしかけられている……ぐらいに思って用心するに越したことはない。

「過去の栄光」は捨てよ

7 株《かぶ》を守《まも》るの類《たぐい》なり

《守株之類也》

宋《そう》の国のある農民が野良に出て働いていると、目の前に兎が跳んで来て、偶然そこにあった切り株に頭をぶつけて死んでしまった。その農民は、労せずして兎を手に入れたわけである。

これはもうかった、いいことを知ったと、その日以降スキを放り出して、連日株の前でじっと兎がやって来るのを待っていたが、いつまで待っても兎はやって来なかった。結局彼は、国じゅうの笑い物になったという。

「待ちぼうけ、待ちぼうけ、ある日せっせと野良かせぎ……」と、日本では北原白秋の歌で知られるこのエピソードは、一度よいことに出会うと、二度、三度と同じことを期待して、融通がきかず、変化に対応できないことの愚かさを指摘しているのである。伝統や既成概念に引きずられて変化を嫌う者はみな、この「株を守るの類」といえなくもない。

変化の激しい現代のことだ。いくらいままでの業績がよかったからといって、新たな研究開発を怠っていれば、あっという間に赤字企業に転落してしまう。それは、どこかで「株を守る」の過ちを犯していたのかもしれない。

他人をあてにするな

8 人《ひと》を恃《たの》むは自《みずか》ら恃《たの》むに如《し》かず

《恃人不如自恃也》

人の力をあてにするより、自分の力を恃《たの》めという意味である。魯《ろ》の宰相、公儀《こうぎ》休《きゅう》は大の魚好きであった。それを知った国じゅうの人々が、公儀休のところに魚を送り届けてくる。ところが、彼はせっかくの贈り物を受け取ろうとしない。そこで弟が、魚が好きなのになぜ断わるのかと訳を聞くと、「いやなに、好きだからこそ断わるのだ。魚を受け取れば、そのたびにお世辞のひとつもいわねばなるまい。そうなれば、やがては相手のために法を曲げることにもなろう。そんなことをしたら、たちまち免職になる。免職になれば、いくら魚が好物だからといっても、誰も届けてきはしまい。自分で買って食うこともできなくなろう。いまこうして断わっていれば、免職されることもなく、いつまでも好きな魚を買って食えるではないか」と答えた。

生きていくうえで頼れるのは自分以外にない、とはよくいわれるが、それはともかく、頼りにならない者を恃んでしまうことほどまずいことはあるまい。そうでなくとも、人を恃むということは、どうしても当たり外れがありがちなものだ。自分を頼りにすれば、かりに失敗したときでも諦めがつく。

傷は浅いうちに治せ

9 千丈《せんじょう》の隄《つつみ》も螻蟻《ろうぎ》の穴《あな》を以《も》って潰《つい》ゆ

《千丈之隄以螻蟻之穴潰》

日本には、「上手の手から水が漏れる」という諺があるが、意外に上手や名人、巧者というのは、一瞬の油断で身を滅ぼすケースが少なくない。「千丈の隄も螻蟻の穴を以って潰ゆ」とは、それと同じような意味だ。高い立派な堤防も、螻《けら》や蟻《あり》の掘った小さな穴から決壊してしまうのだという。

『老子』も、「いかなる難事も容易なことから生じ、いかなる大事も些細なことから始まる」と語っている。大事を成そうとする者は、どんな些細なことも見逃さないで早め早めに手を打ち、災いを未然に防がなければならない。

それはちょうど、医師が病気を早期発見、早期治療するのにも似ている。『韓非子』はこうもいう。「良医というのは、初期のうちに病気を発見して治してしまう。これは病気だけでなく、すべてのことに当てはまる。だから、聖人は物事を処理するさい、早め早めに手を打つ」。

しかし、同じ些細なことといっても、本当にどうでもいいような些事と、将来の大事につながる些事とがある。大切なのは、将来の大事につながることと、どうでもいいこととの見極めである。

「大胆」は「慎重」の上に建つ

10 其《そ》の復《ふたた》びすべからざるを為《ため》にせば、則《すなわ》ち事敗《ことやぶ》ること寡《すくな》し

《為其不可復者也、則事寡敗矣》

『韓非子』のなかで、桓赫《かんかく》という人物がこう語っている。

「彫刻をするときは、鼻はできるだけ大きく、目はなるべく小さくとってから始めたほうがよい。なぜなら、大きな鼻は小さくできるが、小さい鼻は大きくすることはできない。小さい目は大きくすることができるが、大きな目は小さくすることができないからである」

『韓非子』は、この桓赫の言葉に加えて、次のようにいう。

「これは彫刻だけでなく、どんなことにも通用する。修正がきかない部分を念入りに行なえば、めったに失敗はしないものだ」

この後段の部分の原文が表題に掲げた言葉だが、物事を始めるときはまず、しっかりとフォローできる態勢をつくっておけということだろう。そして、とりわけフォローの難しい部分、すなわち一発勝負のところには、慎重さが必要ということだ。そうでないと、せっかくの努力も水泡に帰すことになりかねない。

知らないふりが“盾”になる

11 事《こと》は密《みつ》なるを以《も》って成《な》り、語《ご》は泄《も》るるを以《も》って敗《やぶ》る

《事以密成、語以泄敗》

計画を成功させるためには、秘密のうちに事を運ばなくてはならない。外部に洩れてしまえば失敗する、という意味である。要するに、口にはくれぐれも注意せよということだ。当たり前といえば当たり前の話だが、『韓非子』はこれを、部下が君主に対するときの心得の一つとして掲げているところに特徴がある。

たとえば、なにかの拍子に部下が君主の秘密を知ってしまったとすると、その部下の身は危うくなると『韓非子』はいう。あるいは、自分の献策を誰かがかぎつけて外部に洩らしたとする。こんな場合も、嫌疑がかかって身を危うくするのは自分なのだという。韓非子は、人間というものは本来信用のできないものだとする性悪説に立っているので、このあたりの観察は実に厳しい。

したがって、君主に仕える者は、場合によっては知っていても知らないふりをすることも必要になる。とくにそれが君主の弱みに関する問題であれば、なおさらのことだ。これは現代の社会でも同じである。トップの弱みを握ったなどと調子に乗っていると、バッサリと首を切られたり左遷されたり、返り討ちに遭うことにもなりかねない。

徳は「上」に、利益は「下」に

12 聖人《せいじん》の治《ち》は民《たみ》に蔵《ぞう》して府庫《ふこ》に蔵《ぞう》せず

《聖人之治蔵於民不蔵於府庫》

一国の財源が苦しくなったとき、政府が講じる手段は二つある。一つは、無駄な支出を削ること。もう一つは、国民から税金を吸いあげることである。

昔、自分の重すぎる牙《きば》に耐えかねて自滅したマンモスがいたというが、いまでも、国民の生活を犠牲にして自らの存立をはかろうとする国は、巨大マンモスと同じ運命を辿るであろう。なにやら、近ごろの日本と似ているような気もするが、聖人の政治とはそんな愚かなものではないらしい。

政治の重要な目標は国民の生活の安定をはかることであるが、「民に蔵して府庫に蔵せず」とは、それを語った言葉である。そうすれば、国民の支持もおのずから集まってくるにちがいない。

軍事費の突出や役人の無駄遣いをとがめないで、国民から税金を吸いあげるだけでは、とうてい国民の支持を得ることはできない。

またこれは、モノよりも人を大切にする思想だと読み代えることもできる。企業経営についても、上がった利益をきちんと社員に還元しなければ、会社全体の士気にも関わってくるのではないか。

人は利益で動く

13 利《り》の在《あ》る所《ところ》、則《すなわ》ち其《そ》の悪《にく》む所《ところ》を忘《わす》れ、皆孟賁《みなもうほん》となる

《利之所在、則忘其所悪、皆為孟賁》

利益があるとなれば、誰でも怖さを忘れて勇者に変身するのだという。「孟賁」とは、昔の勇士の名前である。『韓非子』はこんな例をあげている。

「鰻《うなぎ》は蛇に似ているし、蚕《かいこ》は芋虫《いもむし》に似ている。誰でも蛇を見れば飛びあがり、芋虫を見ればゾッとする。だが、女性は蚕を手でつまみ、漁師は鰻を手で握る」

適切な例であるかどうかは別として、言わんとしていることはよくわかる。

人間を動かしているのは、「仁」でもなく「義」でもなく、ただひとつ「利」である、というのが『韓非子』の認識であった。だから、利益さえ示してやれば、人間を思うがままに動かすことができるのだという。

いささかどぎつい言い方ではあるが、たしかにそんな一面のあることは否定できないのではないだろうか。

たとえば、「信頼していた部下に裏切られた」といった話をよく聞く。そんな場合、決まって利害関係の対立がからんでいて、相手はたんに利益のあるほうになびいたにすぎないのである。「人間とはそんなものさ」と割りきってかかれば、あまり腹も立たなくなるかもしれない。

贅沢の落とし穴

14 倹《けん》を以《も》ってこれを得《え》、奢《しゃ》を以《も》ってこれを失《うしな》う

《以倹得之、以奢失之》

カード社会だといわれるが、私はカードなるものを一枚ももっていない。われながら旧弊な人間だなあと思わないでもないが、それで不自由を感じたことは一度もなかった。カード社会には落とし穴もある。簡単にお金が借りられるので、自分のお金でもないのについ使いすぎることである。近ごろ自己破産がふえているのも、そのせいなのであろうか。

ところで、ここに紹介したのは、ある国の王が「昔の君主はどんな政治を行なったのであろうか」とたずねたのに対し、時の賢者が答えた言葉である。自ら節倹につとめたことによって国内の支持を得、贅沢にふけったことによって国を失ったのだという。

思うに、節倹につとめることは名君の必要条件であるが、あえて節倹につとめなくてもすばらしい政治を行なった君主はいた。ただし、贅沢にふけった君主で国を失わなかった者はないといってよい。一度贅沢の味をおぼえるとどんどんエスカレートし、やがては国民の支持まで失ってしまうのだ。

私どもにしても、なるべく収入に見合った生活設計を心がけたいものである。

芽を見てその花を知る

15 聖人《せいじん》は微《び》を見《み》て以《も》って萌《ほう》を知《し》り、端《たん》を見《み》て以《も》って末《すえ》を知《し》る

《聖人見微以知萌、見端以知末》

国を滅ぼした殷《いん》の紂《ちゅう》王がはじめて象牙の箸をつくったとき、重臣の箕子《きし》はひそかに恐れた。なぜか。彼はこう思ったのだという。

「象牙の箸を使うようになれば、汁を盛る器も、粗末な土器をやめて玉でつくるようになる。そんな立派な器を使うようになれば、食べる料理も粗末なものはやめて天下の珍味を求めるようになる。そうなると今度は、錦の衣を着て立派な宮殿に住みたくなるにちがいない。こうして次から次と象牙の箸につり合うものを求めていけば、天下の富を集めてもまだ足りなくなるだろう」

この箕子の心配がやがて現実のものとなって、紂王は国まで滅ぼしてしまうのである。それはともかく、『韓非子』はこの話のあとにコメントを付しているのだが、それがここに紹介した言葉だった。「優れた人物は、かすかな徴候を見ただけで物事の動きを察知し、わずかな手がかりを得ただけで物事の顚末を予見する」という。こんな洞察力を身につければ、どんな激動の時代でもたくましく生きていくことができる。私どもも、できればこのレベルを目指したい。

第五章

論語

人生に対する視野を広げる人間学の宝庫

最後まで自分を見捨てない〝教科書〟
――世を知って世を捨てずに生きる

西の『バイブル』、東の『論語』などという人もいる。そんな言葉もあるように、『論語』は、中国の古典というだけではなく、世界の古典といってよい。日本でも昔から広く読まれてきたし、いまでも熱心な読者は少なくない。現に、なんらかの形で『論語』に関係した本の出版されない年はないといってよいだろう。こんな本がほかにあるだろうか。

『論語』は、孔子という人物の言行録である。話したことや実践したことが短い文章でたくさん記録されている。それがなぜ、これほど読み継がれてきたのだろうか。

ひと言でいえば、『論語』という本は人間学の教科書だからなのである。読めば必ず「なるほどな」とうなずけることが多いし、それだけ人間に対する理解が深まって、人生に対する視野を広げることができるであろう。

しかしなかには、孔子とか『論語』と聞いただけで、しかつめらしいお説教でも聞かされるのではないかと頭から毛嫌いする人もいるようだ。その気持ちもわからないではないが、それは誤解だとあえていいたい。

孔子はいまから二千五百年ほど前に活躍した人だが、彼の本質は〝人生の苦労人〟である。近年の研究によれば、巫女《みこ》のような女性から私生児として生まれたが、その母親とも少年時代に死に別れ、生活の苦労をたっぷりと味わいながら育ったらしい。

そのようななかで、ほとんど独学で学問を修め、やがて政治の世界に志を立てる。だが、政治家としても不遇であった。志を得た期間はほんのわずかで、生涯の大部分を逆境のなかで過ごしている。

孔子の偉いところは、そういう苦労に負けなかったことだ。つねに背筋をしゃんと伸ばし、前向きの姿勢で人生にチャレンジし、七十四年の生涯を生き抜いた。

そういう人物の人生語録が『論語』なのである。

それに、孔子という人は若いときから弟子をとって教育にあたったが、とくに政治の世界から退いた晩年は、弟子の教育と著述に専念している。

その孔子塾の目標は、社会有用の人材を養成することにあった。したがって『論語』には、弟子たちとの問答を通して、社会人の条件や政治の目標がさまざまな角度から説き明かされている。これもまた大いに参考になる面が少なくないのである。

「師」となる友を持て

1 己《おのれ》に如《し》かざる者《もの》を友《とも》とするなかれ

《無友不如己者》

人間形成のうえで、友人の影響は非常に大きい。できれば自分よりも優れた人たちとつき合ったほうが、自分を成長させるうえで役立つ。だから、自分より劣った者を友人にするな、と孔子はいうのである。さらに孔子は、「益者三友《えきしゃさんゆう》、損者三友《そんしゃさんゆう》」ともいっている。友人には、つき合ってためになる友は三人、ためにならない友は三人あるのだという。

ためになる友人というのは、①剛直な人②誠実な人③教養のある人であり、それに対してためにならない人とは、①易きにつく人②人当たりばかりよい人③口先だけうまい人だという。

南北朝時代の顔之推《がんしすい》という人物も、『顔氏家訓《がんしかくん》』のなかで、こう語っている。

「香りの高い花を生けた部屋に住み慣れた人は、いつの間にかその芳香が身についているものだ。これと同じで、優れた人物を友にもてば、長い間には自分もまた香気を放つ人物となる。だから、友人との交際に関してはくれぐれも慎重でありたい」

これはとくに、若い人に対しては有効なアドバイスであろう。

考えながら学ぶ

2 学《まな》びて思《おも》わざれば則《すなわ》ち罔《くら》し、思《おも》いて学《まな》ばざれば則《すなわ》ち殆《あや》うし

《学而不思則罔、思而不学則殆》

どんなに勉強しても、自分の頭で考えないかぎり、生きた知恵とはならない。しかし、思索のみにふけって先人の業績に学ばない者は、独善に陥るのだという。

たしかに本を読むときには、たんに書かれていることを鵜呑みにするのではなく、自分の頭で考えながら読むことが必要だ。

そういう読み方をしないと、せっかくの名著も読んだというだけで終わって、何も身につかない。知識といっても、たんなる断片の寄せ集めであって、生きた知恵として働いてこないからである。

そうならないためには、そこから何かをつかみとろうとする前向きの姿勢、つまり、自分なりの問題意識をもって読むことが望まれるのである。

これとは逆に、自分の頭で考えるばかりで、広く他人の知識、経験に学ぼうとしないのでは、独りよがりになって視野が狭くなり、悪しき経験主義に陥ってしまう。着実な前進をはかるためには、やはり先人の業績を尊重し、それに学ぶのが前提になることを忘れてはならない。

人のせいにせず自分を磨け

3 位《くらい》なきを患《うれ》えず、立《た》つ所以《ゆえん》を患《うれ》えよ

《不患無位、患所以立》

孔子は、時の為政者から、その能力にふさわしい待遇をされたとはいえなかった。政治に志した彼は、当時の社会をもっとましなものにするため、政治の改革に意欲を燃やしたのだが、生涯のほとんどを不遇のうちに終わっている。しかし彼の偉いところは、そういうなかにあってもつねに前向きの姿勢で生きたことだ。

ここにあげた言葉は、「高い地位に就けないと嘆く前に、自分の実力をつけることにつとめなさい」といった意味だが、ほかならぬ孔子が語っているところに味わいがある。自分の思うようにならないからといって、ただ愚痴をこぼしてばかりいたのでは始まらない。たとえば、

「そろそろ自分にも管理職のポストが回ってきてもいいころなのに、いつまでたっても辞令が出ない。同期の人間はもう課長になったというのに、会社は何を考えているんだ」

などと文句をいう前に、そうした地位にふさわしい実力を身につけることが先決ではないか。厳しい注文かもしれないが、そうしたことからしか展望は開けないのだということを、孔子は身をもって知っていたのである。

「寡黙だが機敏」であれ

4 君子《くんし》は言《げん》に訥《とつ》にして、行《おこ》ないに敏《びん》ならんことを欲《ほっ》す

《君子欲訥於言而敏於行》

孔子は、能弁、すなわち口ばかり達者な人間を嫌った。たしかに、人を評価する場合は、ひとまずその人の発言が手がかりになったりするが、それだけではやはり決め手にならない。結局、最後の決め手はその人の行動なのである。

能弁な人間は、実行が伴わないところがある。むしろ発言のほうは訥弁でもいいから、行動力のある人間が望ましいというのである。この場合の「敏」というのは、俊敏という意味である。情勢の変化に機敏に対応できるフットワークのよさとでもいえばいいだろう。

もっとも、孔子が能弁を嫌ったのには、やはり中国人の自己主張の強さということを考慮に入れる必要がある。多くの中国人は弁舌さわやかで、とくに自分が不利益をこうむっているとみるや、猛然とまくしたてる傾向がある。孔子は、そうした人たちを相手に語っているのである。

この点、私たち日本人は伝統的に自己主張が苦手であり、どちらかといえば寡黙であることを美徳とする。その意味では、「行ないに敏」であると同時に、弁のほうも十分に磨いておいたほうがよいのかもしれない。

5 己《おのれ》の欲《ほっ》せざる所《ところ》は人《ひと》に施《ほどこ》すなかれ

《己所不欲、勿施於人》

あるとき、孔子は弟子の子貢《しこう》から、「このひと言なら生涯守るべき信条とするに足る、そういう言葉はありましょうか」と尋ねられたとき、次のように答えている。

「それ、恕《じょ》か。己の欲せざる所は人に施すなかれ」

あえて訳せば、「強いていえば『恕』だろうか。自分がして欲しくないことは、人にも行なわないことだ」というのである。他人の心をもって自分の心とすることといい替えてもよいだろう。

最低限度この「恕」を守るだけでも、ずいぶん人間関係をよくすることができよう。それればかりではない。これは部下を使うリーダーの心構えとしても大事な条件である。相手の立場や相手の気持ちになれる人間だけが、部下の心服を勝ち取ることができるのではないか。

しかし、これまた言葉にするとやさしいようだが、いざ実行しようとすると、きわめて難しい。こういうことをさらりと口にできたところに、苦労人の苦労人たるゆえんがあった。

言い訳は「後退」への一歩

6 小人《しょうじん》の過《あやま》つや必《かなら》ず文《かざ》る

《小人之過也必文》

孔子の弟子、子夏《しか》が語った言葉である。「文る」とは、表面をとりつくろうこと。すなわち、小人というのは失敗をすると、必ず言い訳をしたりとりつくろったりするというのだ。

実際、私たちの周囲にも、何か失敗したり間違いをしたりするたびに、つまらない言い訳をくどくどとくり返す人がいる。「文る」のがよくないのは、失敗をとりつくろってばかりいると、失敗した本当の原因がいつまでたってもつかめないからである。原因がつかめない以上、同じ失敗を二度、三度とくり返す恐れがある。また、失敗したことをしっかり見すえて反省しないのでは、人間としての進歩も向上も期待できない。「文って」ばかりいる人間にとっては、「失敗は成功の母なり」とは成りえないのである。

もちろん、失敗するのは凡人ばかりではない。君子といえども失敗はある。しかし、君子はかりに失敗しても、間違いに気づいたら即座に改め、つねに反省を怠らない。だから、同じ失敗はくり返さないし、失敗を糧として人間的に進歩向上することができるのだということだ。

過ちを「傷」にするか「糧」にするか

7 過《あやま》ちて改《あらた》めざる、これを過《あやま》ちと謂《い》う

《過而不改、是謂過矣》

過ちを犯すことは、人間である以上しかたがない。しかし問題なのは、過ちを犯しても過ちを認めず、それを改めないことだ、と孔子はいう。私たちは往々にして、過ちだと知りながら、それを認めず知らん顔をしたり、あるいは居直って高圧的な態度を取りがちだ。

孔子はまた、「過ちては則《すなわ》ち改むるに憚《はばか》ることなかれ」とも語っている。過ちを犯したときは、照れたり隠したりすることはない。すぐに、それを改めるべくつとめればよいのである。こうしてみると、大事なのは、失敗してからの事後処理ということになる。人間は、過ちを過ちと認めることから進歩が始まるのかもしれない。

ただ、問題なのは、自分の過ちに気がつかない場合である。気がつかなければ、いくらでも同じ過ちをくり返す可能性が高いからだ。その点、自分の過ちを指摘してくれる人がいるということは、そのときは不快に感じても、長い目で見ればこんなありがたいことはないのである。そういう忠告に素直に耳を傾ければ、人間的成長も期して待つべきものがあるにちがいない。

友人の忠告は一回が原則

8 忠告《ちゅうこく》してこれを善道《ぜんどう》し、不可《ふか》なれば則《すなわ》ち止《や》む

《忠告而善道之、不可則止》

親しい友人とは、「朋《とも》あり、遠方より来たる。また楽しからずや」という言葉もあるように、まさにかけがえのない存在である。しかし、親しいからといって近づきすぎると礼を失することになるし、そうかといって、距離を取りすぎればよそよそしくなる。

それでは、このよき友と末永くつき合っていく秘訣は何だろう。あるとき孔子は、弟子の子貢《しこう》から友人とのつき合い方について問われたとき、次のように答えている。

「忠告してこれを善道し、不可《ふか》なれば則ち止《や》む。自《みずか》ら辱《はずかし》めらるることなかれ」

相手が過ちを犯したときは、誠意をもって忠告するがよい。それでだめなら放っておくがいい。あまりしつこくするのは、自分がいやな思いをするばかりで効果がない、というのである。

相手のまずい点を見て見ないふりをするというのでは、友人としての資格がない。しかし、忠告を聞くか聞かないかは相手の判断しだいと、相手の主体性を重んじるのが、「君子の交わり」というものだろう。

自分が立ちたいと思ったら

9 己《おのれ》立《た》たんと欲《ほっ》して人《ひと》を立《た》て、己《おのれ》達《たっ》せんと欲《ほっ》して人《ひと》を達《たっ》す

《己欲立而立人、己欲達而達人》

これは、孔子の思想の中核をなす「仁」という言葉を説明したものだ。孔子は、人間の行なうべき道としてこの「仁」をもっとも重視したが、その内容については、相手に応じてさまざまないい方をしている。この言葉もそのひとつである。

あるとき、弟子の子貢《しこう》が、

「人民を貧窮から救い、生活を安定させてやれば、仁といえるのではないでしょうか」

と尋ねたところ、孔子は、

「それはもう仁どころではない。そこまでいけば聖だ。尭《ぎょう》や舜《しゅん》のような聖人でさえ、それが成就できずに悩んだのだ。仁はもっと身近にある」

といって、この言葉をあげた。すなわち、「自分が立ちたいと思ったら、まず人を立たせてやる。自分が手に入れたいと思ったら、まず人に得させてやる」というのである。自分も人間なら相手も人間であるという、人間としての連帯感とでもいおうか。ある意味、「仁」とは「社会人の条件」といってよいかもしれない。

ならぬ堪忍するが堪忍

10 小忍《しょうしの》ばざれば則《すなわ》ち大謀《たいぼう》を乱《みだ》る

《小不忍則乱大謀》

些細なことにいちいちかかずらわっていてはいけない。大事のまえの小事、小さい我慢ができなければ、大きな目標を達成することができないという意味である。これで思い出されるのが、韓信《かんしん》の故事である。

韓信は、漢の高祖劉邦《りゅうほう》に仕えた将軍だが、若いころは定職にもつかずぶらぶらしていた。ある日、普段から韓信をバカにしていた与太者が因縁をつけ、「格好ばかりは一人前だが、肝っ玉のほうはからきしだろう」とからんできた。見物人が集まってくると、与太者はますます図に乗って、「度胸があるならおれを刺してみろ。それが怖けりゃおれの股をくぐれ」という。

韓信は、黙って与太者の股をくぐった。彼には大きな志があって、その志の前に「ならぬ堪忍するが堪忍」と辛抱したのだという。

人生には、腹の立つことがたくさんある。しかし、そんなことにかかずらわっていたのでは、肝心の目標を達成できない。逆にいえば、大きな目標があれば、そうした些事に一喜一憂することもないということだろう。できれば、同じ忍ぶにしても、歯をくいしばって耐えるのではなく、淡々と対処したいものだ。

「金太郎飴」は甘くて脆い

11　君子《くんし》は和《わ》して同《どう》ぜず、小人《しょうじん》は同《どう》じて和《わ》せず

《君子和而不同、小人同而不和》

日本では、昔から「和」が尊ばれてきた。現代の企業の経営者にも、「組織の和」を説く人が多い。しかし、私たちがいう「和」も、孔子のこの言葉に照らしてみると、問題がないわけではない。

孔子のいう「和」とは、自分の主体性を保ちながら他の人々と協調すること。「同」とは、無原則に付和雷同すること。だからこの言葉は、「君子というのは、協調性はあるが無原則な妥協はしない。それに対して小人は、無原則に妥協するばかりで真の協調性には欠けている」といった意味になる。

日本の組織は、ひとりひとりの人間に主体性がなく、誰もが同じ発想や似たような思想で固まってしまう傾向がある。いってみれば金太郎飴のようなもので、それをもって、「組織の和」だと思いこんでいるふしがないでもない。

しかし、こうした組織は、調子のいいときは集団のパワーで大きな力を発揮するが、いざ壁にぶつかると、意外な脆さを暴露する。本来、強い組織や社会というのは、それを形成するひとりひとりが他とは違う個性をもっている。和して同《どう》じない生き方を許容してこそ、本当に強い組織といえるのではないだろうか。

「他山の石」は足元にあり

12 三人《さんにん》行《ゆ》けば、必《かなら》ず我《わ》が師《し》あり

《三人行、必有我師焉》

自分が勉強できなかったことを、育った環境のせいにする人がいる。しかし、自分を磨いてくれるのは、学校の勉強だけではない。どんな環境のなかに身を置いても、自分を磨いていく材料は転がっている。

ここで孔子が語っているのは、「三人で道を歩いているとする。ほかの二人からは、必ず教えられることがあるはずだ」ということである。そして孔子は、「その善なる者を択《えら》びてこれに従い、その不善なる者にしてこれを改む」とつけ加えている。すなわち、優れた人からは積極的にそのよい点を学べるし、劣る者は反省材料を与えてくれるのだという。どんな環境でも、必ず学ぶべきことがあるし、自分を磨いていくうえで師にすべき人はいる。自分が成長しないのを環境のせいにするな、向上心さえあればなんとでもなる、というのだ。

孔子は貧しい家庭に育ち、早くから自分で働いて生活していかなければならなかった。そういう孔子だから、周囲の人々や生活のなかでの見聞を、すべて勉強の材料、つまり師にしたのである。この言葉には、孔子その人の実感がこめられているにちがいない。

ヒントは「与える時」を選んで

13 憤《ふん》せずんば啓《けい》せず、悱《ひ》せずんば発《はつ》せず

《不憤不啓、不悱不発》

孔子の門下からは、そうそうたる人材が輩出しているが、孔子という人間の才能もさることながら、その教育の進め方によるところも大きかった。孔子はこう語っている。

「自分の力でやってきたが、いま一歩というところまで来てもたもたしている、そういう相手でなければ、ヒントを与えてやることはしない。いいたいことは頭にあるのだが、どういえば上手くいえるのかもどかしがっている、そういう相手でなければ、助け船は出してやらない」

これがこの言葉の意味である。「憤」とは、やる気が盛りあがってきた状態、「悱」とは、いいたいことが口もとまで出かかっている状態をいう。ちなみに「啓発」という言葉はここから生まれたのであるが、もともとは孔子の教育方針を語ったものである。

孔子は最後に次のような言葉でダメ押しをしている。

「一つ例を示してやると、ただちに他へ類推を働かせてピンと応ずるのでなかったら、それ以上の指導はさし控えるよりほかはない」

徳のある人物は孤立しない

14 徳《とく》は孤《こ》ならず、必《かなら》ず隣《となり》あり

《徳不孤、必有隣》

「徳のある人物は孤立しない。必ず共鳴者が現われてくる」というのである。これもまた有名な言葉なので、どこかで耳にしたことがあるかもしれない。

この「徳」という言葉であるが、中国古典のなかによく出てくるし、『論語』にもしばしば出てくる。いまでも、徳育、徳行、徳望、あるいは人徳などといった具合によく使われている。だが、ひと言で説明しようとすると、意外に難しい。あえていえば、人格を構成するさまざまな優れた要素を総称した言葉である。つまり徳がある人というのは、立派な人格をもった人ということになる。とりあえずそういうふうに理解すれば、わかりやすいかと思う。

ここで孔子の語っているのは、徳のメリットである。これもまた孔子の信念であったにちがいない。

社会人として立っていくためには、能力を磨く必要がある。だが、能力だけではまわりの信頼が得られない。そこで必要になるのが「徳」である。近ごろは能力だけが先行して「徳」がなおざりにされているきらいがある。各界に不祥事が絶えないのも、そのことと無関係とは思えない。

安請合いに信なし

15 人《ひと》にして信《しん》なくんば、その可《か》なるを知《し》らざるなり

《人而無信、不知其可也》

「信」のない人間は、一人前の社会人として評価に値しない、というのである。ちなみに「信」とは、嘘をつかない、約束したことは必ず守る、という意味である。「信」を守るためには、いうまでもなく、まず発言を慎重にすることである。自分にできることかできないことか、よく考えてから返事をする。そして、なるべく言行一致を目指す。これを心がけるだけでも、自分の評価はずいぶん違ってくるだろう。

私どもがこれで失敗しがちなのは、安請合いである。アルコールでもはいると、誰だって気持ちが上《うわ》ずってくる。ついその場の雰囲気につられて、

「ハイハイ、承知しました。何とかやってみましょう」

などと調子のいい返事をする。

請け合ったてまえ、何とか約束を果たそうと、いろいろ動いてみたり人に頼んでみたりするのだが、安請合いにかぎってうまくいかないことが多い。そのあげく相手の信頼まで失ってしまう。考えてみると、こんなつまらないことはないのである。安請合いだけはくれぐれも戒めたい。

第六章

孟子

理想なき現実主義は、つねに堕落する

人を信じてその「善」を引き出す
――理想こそ行動の〝エネルギー〟だ

「孔孟の教え」などといわれるように、孟子は孔子とコミにして語られることが多い。たしかに孟子は、ある意味で孔子の教えを受け継ぎ、その実現につとめた思想家である。では、往々にして誤解されているように、コチコチの道学者であったのかといえば、決してそうではない。

彼の実像は、ひと言でいえば、戦闘的な理想主義者である。

孟子の活躍したのは、孔子からおよそ二百年後、戦国時代の真っただ中である。当時、各国とも領土の拡張に憂き身をやつし、生き残りの競争にしのぎをけずっていた。そういうなかで、孟子は仁義による王道政治を主張し、各国の王に遊説してその実現に当たった。

孟子の主張した王道政治とは、まず上に立つ君主が仁義の徳を身につけ、それを国民に及ぼしていくというものであった。王道の反対が覇道である。覇道とは、力ずくで相手を押さえこむやり方である。その点、王道は徳による感化を目指す政治だといってよい。孟子は、その理想を掲げて奮闘した。

だが、戦国時代の当時も、現代と同じように利益一点張りの時代であった。各国の君主は、いずれも君権の強化に明け暮れていた。そういうなかでは、王道政治の理想は容易に聞き入れられるはずがない。孟子はエネルギッシュな遊説活動を展開して生涯を送ったが、さすがに晩年は遊説を断念し、郷里に隠棲したといわれる。

『孟子』七篇は、そういう戦闘的な理想主義者の言行を記録した本である。前半は主として遊説の記録であり、後半は弟子たちとの問答を通して王道政治の理想が説きあかされている。

『孟子』全篇にみなぎっている特徴は、人間に対する深い信頼と理想にかけた情熱である。

孟子によれば、人間の本性は善なのだという。いわゆる性善説であるが、そういう立場から王道政治が導かれてくる。その底に流れているのは、人間に対する深い信頼である。それを彼は気迫をこめて主張した。

理想なき現実主義は、つねに堕落する。そういう意味で孟子の主張は、あまりにも実利に片寄りすぎた現代の社会に対しても、鋭く反省を迫ってくる。

孟子は厚い現実の壁の前に敗れ去ったが、彼の提起した問題は、われわれの当面する課題でもある。

人はお金と信念があれば

1 恒産《こうさん》なければ、因《よ》って恒心《こうしん》なし

《無恒産、因無恒心》

恒産とは、毎日の生活を十分に支えることのできる安定収入のこと。生活の安定がなければ、人の心はゆらぎやすく、悪事へも走りやすい。経済基盤がしっかりしていてこそ、人心の安定もはかれるのだから、世の人々に恒心を期待するならば、まず為政者が人々の暮らしを安定させなければならないというのが孟子の考えであった。もっとも現代の日本では、恒産があるにもかかわらず、恒心をなくしているかに見える人がいないでもない。国全体の経済レベルが高くなっても、簡単には、人々に恒心を期待することができないのかもしれない。

儒家である孟子は、人間は本来的にすばらしい素質をもっているという楽観論者だから、先のように考えたのだろうが、だからといって、孟子の考えを非現実的と片づけてしまうわけにはいくまい。孟子は、人間であるからには恒心をもってほしいと願っているわけだが、この恒心を信念という言葉に置き換えれば、そのことがよくわかる。どんなに生活が苦しくても、それに流されて信念すらも失ってしまうようでは困るのである。できれば、晴雨にかかわらずつねに恒心だけはもち続けたい。

「実る時」を知れ

2 鎡基《じき》ありといえども、時《とき》を待《ま》つに如《し》かず

《雖有鎡基、不如待時》

世の中には、自他ともに認める実力がありながら十分にその力を発揮できない人もいれば、実力以上に世に迎えられている人もいる。実力だけで勝負できないところが、この世の中の難しいところかもしれないが、これは現代だけの話ではなく、孟子のこの言葉もそのあたりの事情を背景としている。

鎡基とは畑を耕す農具のこと。つまりこの言葉は、どんなにいい農具があっても、季節はずれの農作業をしたのでは収穫を期待できない、という意味になる。逆にいえば、貧弱な農具しかなくても、季節の到来に合わせて農作業をすれば、ちゃんと収穫することができるのだという。

原典には、この言葉の前に、これと対をなす「知慧《ちえ》ありといえども勢いに乗ずるに如かず」という言葉がある。たとえどんなに知恵があり、その知恵を振りしぼって何事かを成そうとしても、勢いに乗る者にはかなわない、というのである。つまり、事を成そうと思うなら、いたずらに自分の実力をたのまず、勢いとタイミングをはかりながら、がまん強く時が来るのを待つほうがよいと、孟子は勧めているのだ。

自分を曲げすぎると戻らない

3 己《おのれ》を枉《ま》ぐる者《もの》にしていまだ能《よ》く人《ひと》を直《なお》くする者《もの》はあらず

《枉己者未有能直人者》

おいしいそばを追求し、そのために人気も高かった東京のあるそば屋が、いいそば粉を求めて山梨の田舎に引っ越した、という話を聞いたことがある。その店のそばが食べたくてわざわざ東京からやって来る客もいるというのだから、徹底して自分の信念を貫き通せば、ちゃんと認めてくれる人はいるということだろうが、ここに紹介した言葉も、次のようなエピソードが出典になっている。

孟子は自分の理想とする王道政治を説いて、諸国を巡った。しかし、各国の王は目の前の利害得失に汲々として、いっこうに耳を傾けようとはしない。

そこで、弟子のひとりが相手との妥協を勧めたところ、孟子はこの言葉をもってその弟子をたしなめた。

「自分のもっている原理・原則を簡単に曲げて相手に迎合する人物に、立派な指導者はいない」

ときには妥協もできる柔軟性は必要だろうが、人には誰でも譲れない一線というものがある。その一線に関しては、断固として守り通す姿勢が大切である。

人の「道」は足元から

4 道《みち》は爾《ちか》きに在《あ》り、而《しか》るにこれを遠《とお》きに求《もと》む

《道在爾、而求諸遠》

職場の人間関係が上手くいかず暗い雰囲気が漂っていた会社が、あるとき、些細なことから明るくなった。そのきっかけは、社員のひとりが始めた大きな声の「おはよう」という挨拶だった。この会社では、それまで誰ひとりとして挨拶らしい挨拶を交わしていなかったのである。やがてみんなが「おはよう」と声をかけ合うようになり、それにつれて、それまでギスギスしていた雰囲気が、明るいものに変わっていったという。

生きていくうえでの原理・原則というものは、案外に平凡で常識的であることが多い。孟子がいうように、人間の踏むべき「道」は、どこか高遠なところにあるようにみえて、実は日常の身近なところにあるのである。

ところが人は、この「道」をわざわざ高遠なところに求めようとする。ことさらに難しいことをありがたがったり、常識的なことを無視して枝葉末節に走ったりし、そして結局は実行できないで終わる。

誰にでも実行できてしかも大事なことというのは、たとえば朝「おはよう」と声をかける、そうしたごく平凡で些細なことにある。

批判は自分に還る

5　位卑《くらいひく》しくして言高《げんたか》きは罪《つみ》なり

《位卑而言高罪也》

直訳してしまえば、地位の低い人間が、それより地位の高い人間の仕事について、あれこれ批判めいたことをいうべきではないということになる。

孟子の考え方によれば、上位の者は上位の者なりに、下位の者は下位の者なりに、その分をわきまえ、与えられた責任を果たしてさえいれば、世の中は平穏におさまる。したがって、分を超えた上位者への批判は、秩序を破壊するものとして排斥されるのだ。

プロ野球でもあるまいし、まことに古い、封建的な考えだと思う人もいるにちがいない。しかし、組織のなかの現実問題として、上位者に対する批判がどんなマイナスを生むかを考えてみれば、一面の真実を突いているのではあるまいか。

上司も人間だから、批判されてうれしいわけがない。いきおい人間関係が悪化して、結局は上司に嫌われてしまう。ややもすると、自分の意見が聞いてもらえないために不平居士となり、精神的にも落ち込んでしまうことになる。

上司を批判してマイナスを背負いこむ割りには、少しも人生の展望は開けてこないのではないだろうか。

しごかれてこそ「玉」になる

6 徳慧術知《とくけいじゅつち》ある者《もの》は恒《つね》に疢疾《ちんしつ》に存《そん》す

《有徳慧術知者恒存乎疢疾》

東邦電力の社長だった故松永安左衛門は、つねづね若い財界人に向かって、企業のトップとなるには三つの苦労をしなければいけない、と語っていたという。その苦労とは、一つは重病、一つは投獄、一つは浪人、もしくは左遷である。いずれも松永安左衛門が経験したことばかりだが、孟子のこの言葉も、その三つの苦労という話に一脈通じるところがある。

徳慧とは立派な人格、術知とはすばらしい才能、疢疾とは艱難のこと。つまり、立派な人格とすばらしい才能をもった人間は、困難な状況のなかで育てられていくということである。

たしかに人間形成のうえからいうと、恵まれた環境で苦労知らずに育つのはあまりいいことではない。若いときの艱難辛苦はその人を大きくするからだ。

ただし、その苦労に押しつぶされてしまう人もたくさんいるから、必ずしも楽観はできないが、いま、自分が苦労のただ中にいると思っている人には、この言葉は大きな励ましになるかもしれない。せっかく貴重な経験を積んでいるのだから、それを肥やしにして自分を大きくすることを考えてはいかがなものか。

十年の辛抱

7 井《い》を掘《ほ》ること九軔《きゅうじん》、而《しか》も泉《いずみ》に及《およ》ばざれば、なお井《い》を棄《す》つと為《な》すなり

《掘井九軔、而不及泉、猶為棄井也》

一軔とは八尺。九軔も深く掘り進んでいながら、水脈に達しないからといってやめてしまったのでは、井戸を棄てたのと同じだという。換言すれば、苦労してやりかけた仕事を途中で放り出したのでは、それまでの苦労が水の泡になる。どうせやるなら、最後までやり通せというのだ。

孟子は、事業を行なうのは井戸を掘るようなものだと前置きをしてこの言葉を語ったのだが、現代のビジネスマンにとっても身につまされる話ではないか。

複雑化、多様化した現代では、ビジネスマンにもいよいよ専門的な知識や技術、いわば得意技を身につけることが求められている。ところが、そうした専門的知識は、一年や二年の勉強ではなかなか身につかない。したがって、心機一転、やる気を出して勉強を始めたとしても、往々にして肝心の水脈に至る前に諦めてしまい、井戸を棄てる結果となりやすい。

一般に、三年やればその分野の事情がつかめ、十年やれば一人前になるという。やる以上は、十年のがまんは覚悟したほうがいいようである。

明と暗の分かれ道

8 已《や》むべからざるに於《お》いて已《や》むる者《もの》は、已《や》まざる所《ところ》なし

《於不可已而已者、無所不已》

たとえば、ラグビーのゲームを考えてみていただきたい。前・後半合わせてたかだか八十分のゲームのなかにも、ここが正念場だという局面が必ずある。そのチームが強いか弱いかは、この正念場のしのぎ方を見ればよくわかる。いくら凡ミスを重ねてきていても、強いチームは正念場になると目の色が変わり、すさまじいばかりの集中力を発揮する。

同じことは人生にもいえるのではないか。誰しも一生のうち何度かは、このラグビーのゲームのような正念場を迎えるはずだ。世の中には、そこで踏んばれる人間と、踏んばれずに挫折してしまう人間とがいる。そこで孟子はこういうのである。やめてはいけないところでやめてしまう人間というのは、何事においても中途半端で終わる、と。やめてはいけないところとは、つまりは人生の正念場。

そのひと山を乗り越えれば、大きく展望が開け、さらには人間の器をひとまわり大きくできる。しかし、踏んばれずに挫折すれば、一生その挫折を引きずって生きていかざるをえない。そこで人生は、残酷なほど明暗を分けるのだ。

自分の枠で他人を囲むな

9 往《ゆ》く者《もの》は追《お》わず、来《く》る者《もの》は拒《こば》まず

《往者不追、来者不拒》

ある国を遊説している途中で、孟子の弟子に盗みの嫌疑がかけられた。弟子の不始末を皮肉る役人に向かって、孟子はこう答えたという。

「私の弟子たちは、盗みをするために、私について来たとでもいうのですか。私は弟子をとるとき、往く者は追わず、来る者は拒まずで、学ぼうという意志さえあれば、誰であろうと弟子にしている」

私たちが慣用する「去る者は追わず、来る者は拒まず」という言葉は、もとはといえばこのやりとりに由来している。

これは、去っていく者は去るに任せ、来る者はどんな人間でも受け入れるという、こだわりのない人間関係を表わした言葉として知られている。だが、私はこの言葉から、孟子のもつもうひとつの側面、弟子に対する包容力というものを感じる。部下をもつビジネスマンにこの包容力を当てはめてみると、どんな部下を相手としても、些細な欠点に目くじらを立てず、能力に応じて使い分けるだけの大きな度量といえばいいだろうか。それが、「往く者は追わず、来る者は拒まず」の底に流れる心のはずである。

貧しくても「豊か」

10 心《こころ》を養《やしな》うは寡欲《かよく》より善《よ》きはなし

《養心莫善於寡欲》

越後の禅僧・良寛は、生涯寺をもたず、粗末な庵で暮らしたといわれているが、なかにこんなエピソードがある。ある日、ひとりの旅人がこの庵にやって来て、一夜の宿を所望した。良寛は温かく迎え入れ、足を洗うための水を運んでやり、夕餉のカユをつくった。ところが翌朝、旅人は顔を洗うための器を見て驚く。なんと、足を洗ったのもカユを食べたのも、同じ器だったのである。

良寛は、仏教の理想である「少欲知足」を実践した人だが、孟子のこの言葉、つまり心を正しくまっすぐに育てるためには、欲望を少なくするのが一番よいというのも、同じ理想を説いていると考えていい。

欲望は、たしかに社会を進歩させる原動力になってきたことは事実だが、また、なかなか歯止めがきかないものだということも事実だろう。欲望のままに突っ走り、結局、自らを滅ぼすことになった例は枚挙にいとまがない。

「欲望の少ない人で良心のない人はわずかである。欲望の多い人で、良心のある人はわずかである」

と、孟子はつけ加えている。

手段は一つではない

11 木《き》に縁《よ》りて魚《うお》を求《もと》む

《縁木而求魚》

孟子が、斉《せい》の国に遊説したときのことである。武力による天下の統一を夢見て野心満々であった宣王《せんおう》に向かって、孟子は、武力のみによって戦国の世の統一をはかろうとするのは、木によじ登って魚をとろうとするような愚策だ、と諫めた。この孟子の言葉に宣王は納得がいかなかったのか、

「武力を使うのはそれほどバカげたことだろうか」

と問い直したところ、孟子はこう答えている。

「いや、それ以上です。木に縁って魚を求める。これだけですむなら、魚がとれないだけで災難は招きません。しかし、武力を使って野望を実現しようとすれば、全力を尽くしても、結局手ひどい目に遭うのがオチです」

手段や方法を間違えると、一生懸命努力を重ねても、まったくの骨折り損になる。むしろ、一生懸命やればやるほど、かえってドロ沼にはまることが多い。そうならないためには、時々は、目標に到達するために自分の取っている手段や方法を再検討したりチェックしたりして、方向を修正していく必要がある。

「木に縁りて魚を求む」の愚は願い下げにしたい。

盲信は頭の“毒”

12 尽《ことごと》く書《しょ》を信《しん》ずれば則《すなわ》ち書《しょ》なきに如《し》かず

《尽信書則不如無書》

落語家の故・三遊亭円生《えんしょう》は、その芸談のなかで次のように述べている。

弟子というものは、はじめは師匠の芸をひたすらまねる。細かな仕草、口調まですっくりまねて、まるで師匠のミニチュアのようになる。しかし、これで終わったのでは一人前になれない。ちょっと見ると上手そうだが、芸としては半人前だ。本当に一人前になるのは、その模倣から抜け出して自分なりのスタイルをつくるようになってからだ――。

つまり、手本は自分なりに咀嚼すべしということだろうが、この要諦は学問にも通じる。孟子のこの言葉は、書の内容を盲信して鵜《う》呑《の》みにするくらいなら、書などないほうがまだましだ、という意味である。この場合の「書」とは、儒家の聖典ともいうべき『書経』を指している。儒家の正統を継いだ孟子が、本来、金科玉条にしてもおかしくない『書経』を盲信するなといっているのだ。そこにこの言葉の重みがある。それほど盲信の害は大きいということだろう。

思想であれ、理論であれ、技術であれ、何かを学ぼうとするなら、先人のものを盲信せず、できるだけ批判的な摂取を目指したい。

成功の条件＝失敗の条件

13 天《てん》の時《とき》は地《ち》の利《り》に如《し》かず、地《ち》の利《り》は人《ひと》の和《わ》に如《し》かず

《天時不如地利、地利不如人和》

昔から、事業（仕事）を成功させるためには、①天の時――実行のタイミング②地の利――立地条件③人の和――内部の団結、の三つの条件が揃わなければならないといわれている。

この三要素は現代でも必要なものだが、孟子はこれに優先順位をつけて、「人の和」がもっとも重要だとしている。それは次のような理由による。

「小さな城を包囲して攻撃しても、簡単に陥落しない場合がある。攻撃している以上、当然、天の時をとらえているはずだ。それでも勝てないのは、天の時も地の利に勝てないからだ。城壁も高く、濠《ほり》も深い。装備も優れ、兵糧も十分にある。それでも、城を捨てて敗走する場合があるのは、地の利も人の和に及ばないからだ」

たしかに、事業でも勉強でも、将来を見越して事に取りかかる必要がある。この先有望な分野であるのか、伸びる事業であるのかどうか、その際の判断の基準になるのが先の三つの条件だが、とくに、人の和がなければ成功はおぼつかないということを忘れてはならない。

君子にも悩みはある

14 君子《くんし》は終身《しゅうしん》の憂《うれ》いあるも、一朝《いっちょう》の患《うれ》いなきなり

《君子有終身之憂、無一朝之患也》

どんなに恵まれた立場の人でも、一つや二つは悩みごとをかかえている。まして、普通の生活人ともなればなおさらであろう。孟子によれば、君子のような立派な人物でも、やはり悩みはあるのだという。ただしそれは、「終身の憂い」であって、「一朝の患い」ではない。

「終身の憂い」とは、生涯を通じての悩みという意味であって、孟子によれば、こうである。「舜が人間なら自分も人間である。だが、舜は天下に模範を示し、後世にその名を残した。それにひきかえ自分は平々凡々な俗人にすぎない、という悩みである」。この悩みを解消するには、当然のことながら、一生をかけて自分を磨いていくよりない、ということになる。

また、「一朝の患い」とは、一時《いっとき》の悩みという意味である。それがないというのは、こういうことである。「君子は、仁に悖《もと》ることは行なわず、礼にはずれたことは行なわないので、どんな事態になっても心が動揺しない。だから、外から何がやって来ても、悩まされることはないのである」。

私どもも、できればこのレベルを目指したいものだ。

正義の戦いはない

15 春秋《しゅんじゅう》に義戦《ぎせん》なし

《春秋無義戦》

二〇世紀は、ある意味で日本の世紀であった。前半はもっぱら軍事、後半は経済で世界の国々に衝撃を与えた。日本民族がもっとも活力のあった時代として記憶にとどめられるかもしれない。

ところでその軍事であるが、五十年以上たった現在でも、「あれは侵略戦争だ。日本けしからん」といった声が、とくに近隣諸国からあがってくる。たしかに、周辺地域に迷惑をかけたこと、行きすぎや勇み足のあったことについてはお詫びしなければなるまい。だが、明治以来の日本の歩んできた道を全否定するようなことまで主張されると、はなはだ釈然としないものがある。

二千四百年前、すでに孟子もいっているのである。「春秋時代に正義の戦いはなかった」と。春秋時代の三百数十年はまさに戦争の時代であって、毎年どこかで戦争が行なわれていた。それはすべて自国の利益を拡大するための兼併戦争だったのだという。一九世紀、二〇世紀についても同じことがいえるのではないか。日本に正義がなかったとすれば相手にもない、相手に正義があったとすれば日本にもあった。これがバランスのとれた見方ではないかと思う。

第七章

荀子

◎人間を外側から磨き上げる行動原則◎

外側を磨いてこそ内側も光る
――「人の本性は悪」という原点を忘れるな

荀子は、中国の思想史のうえで、特異な位置を占める思想家である。

中国思想の正統は、孔子、孟子に始まる儒家思想（儒教）であるが、彼らの主張をひと言で要約すれば、徳治主義ということになる。

まず上に立つ為政者が徳を身につけ、それを国民に及ぼして感化していけば、世の中は上手く治まるとする立場だ。その根底にあったのは、性善説、つまり人間の本性は本来善であるという認識だった。

ところが荀子は、孔子の教えを受け継いで儒家の立場に立ちながら、同時代の孟子と鋭く対立した。両者の分岐点になったのは、孟子が性善説の立場を取ったのに対し、荀子は性悪説の立場を打ち出した点である。

彼はこう語っている。

「人間の本性は悪である。善なる性質は後天的な修養の結果にすぎない。人間には、生まれつき利益によって左右される一面がある。この一面がそのまま成長していくと、人に譲る気持ちを失い、争いごとが起こる」

それを防ぐためには、当然、確固たる規範をつくって人々を教え導かなければならない。荀子は、次のように主張する。

「このように、本性や感情のままに行動すれば必ず争いごとが起こり、秩序も道徳も破壊されて社会が混乱してしまう。そこでどうしても、為政者と法による指導が必要になり、礼と義による教化が必要になる。そうすれば、自分を抑制して秩序や道徳を守るようになり、社会も安定していく」

すでに述べたように、孟子は「仁」と「義」による感化を重視したが、これはあくまでも人間の内面に関わるものであった。ところが荀子の主張した「礼」と「義」は、人間の内面とは関わりのない外在的な規範なのである。同じ儒家から出ながら、この一点で、両者は大きく道を異にしたのだった。

荀子の主張をまとめたのが、『荀子』という古典である。その内容は、教育論から始まって、政治、経済、軍事、はては文学や哲学の領域にまで及んでいる。

これほど広いジャンルにわたって論じている本は、同時代のものではほかに例を見ない。なかでも彼が力をこめて説いたのが、社会の安定と秩序の確立であった。その論調も、すこぶる理詰めで説得力がある。

環境が人をつくる

1 蓬《よもぎ》も麻中《まちゅう》に生《しょう》ずれば、扶《たす》けずして直《なお》し

《蓬生麻中、不扶而直》

蓬という草は、普通は土にへばりつくようにして生えている。しかし、麻の中に生えさせると、まっすぐにスクスクと育つ。人間もこの蓬と同じこと。自分を取りまく環境に大きく左右されるのだという。

有名な狼少女の話などは、この点についてまことに示唆的だ。赤ん坊のときから人間の世界を離れて狼に育てられた少女は、言葉が話せないだけでなく、はじめは二本の足で歩くことすらできなかった。もし、人間の世界で育てられていたなら、おそらく普通の少女に育っていたにちがいない。この少女の姿は、まさに環境がつくりあげたといえる。

これは極端な例としても、祖父母や父母に芸術家をもつ子どもが自然と芸術家に育っていくことが多いのも、能力の開花が環境の力に負うているひとつの証左になるだろう。

せっかくいい素質をもっていても、環境に恵まれないとそれを伸ばすのは難しいが、それほどの素質はなくても、環境によって能力が開花する場合も世の中には多い。

人の上に立つために

2 我《われ》に諂諛《てんゆ》する者《もの》は吾《わ》が賊《ぞく》なり

《諂諛我者吾賊也》

真実をいい、また真実を聞くことの難しさを鋭い皮肉で戯画化した童話に、『裸の王様』という名作がある。ずっと昔からこうした人間の弱点は変わらないものらしく、いまの世の中にも〝裸の王様〟は、たくさんいるようだ。

荀子のこの言葉も、おべっかや甘言に弱い人間の本質を鋭く突いている。「諂諛」とは、こびへつらうこと。したがって、自分におべっかを使い、甘い言葉をかけてくるような人間は、賊と思っていたほうがいい、というのである。

荀子は、またこうもいっている。「我《われ》を非《ひ》として当《あ》たる者《もの》は吾《わ》が師《し》なり」。自分の欠点を指摘してくれる人間は、自分にとっての師だと思って大切にしたほうがいいというのだ。ちょうど「諂諛」の言葉の裏返しの表現となっている。

こうした自戒は、上に立つ人間にとっては、とくに必要であろう。部下に「ヨイショ」ばかりされている管理職は、知らず知らずのうちに〝裸の王様〟となり、批判してくれる人を遠ざけ、結果的に組織をダメにしかねない。イエスマンに取り囲まれたワンマン経営者がついには会社をつぶしてしまうというケースは、それこそ枚挙にいとまがない。

「自覚した鈍才」は強い

3 驥《き》は一日《いちじつ》にして千里《せんり》なるも、駑馬《どば》も十駕《じゅうが》すれば、則《すなわ》ちまたこれに及《およ》ぶ

《驥一日而千里、駑馬十駕、則亦及之矣》

驥というのは、一日に千里も走る名馬のこと。駑馬とは、いわゆる駄馬のことだと思えばいい。駑馬の脚力は驥のそれより格段に落ちる。しかし、そんな駑馬であっても、十日も走り続ければ、驥の一日の行程に追いつくことができる。

馬を人間に置き換えれば、驥とは天才、駑馬とは鈍才である。つまりこれは、たとえ鈍才であっても、コツコツ努力を積み重ねていけば、いつの日か天才に追いつき追い越せることを語った言葉にほかならない。

天才とは、万に一人の存在だろう。ということは、残りの九九九九人は鈍才ということになる。つまり、誤解を恐れずにいえば、世の中の圧倒的多数は鈍才ということだ。そんな私たちにできることは努力しかない――。こういっては、ありきたりのお説教になってしまうが、努力を継続するということは、天才にはないしぶとさを身につけることにもなる。

鈍才は、鈍才たることを自覚して努力を惜しまないこと。そうすれば、おのずから活路が開けるものと信じたい。

勝たずとも負けるな

4 勝《しょう》に急《きゅう》にして敗《はい》を忘《わす》るるなかれ

《無急勝而忘敗》

「負けない戦い」というういい方をするときがある。たとえば野球で、自軍が大きくリードしているにもかかわらず、手堅くバントで走者を進め、着実に加点していくような戦い方のことである。荀子は、「勝とうとするあまり、敗れることもあることを忘れてはならない」という。つまりは、万一の敗北を想定して、それへの対策を用意してかかれ、というのである。

野球の手堅い戦法というのは、もちろん勝利をより確実にするために使われるわけだが、その根底には、万一敗北することもあり得るという悲観論がある。むろん、こうした悲観論が悪いわけでは決してない。むしろそれは、勝利を確実なものにするための前提なのであって、これは野球だけではなく、企業経営についてもそっくり当てはまるであろう。

企業が新たな事業に着手しようとするとき、あらかじめ最悪の事態を想定して、損害を最小限にくいとめる対策を立て、負けても致命傷を受けないようにしておく必要がある。こうした備えができていれば、気持ちに余裕をもつことができる。逆に、備えがないと余裕もない。その違いが大きいのである。

「言わぬが知」ということもある

5 言《い》いて当《あ》たるは知《ち》なり、黙《もく》して当《あ》たるも知《ち》なり

《言而当知也、黙而当知也》

戦後処理の東京裁判においてA級戦犯に問われた広田弘毅が、公判中、ひと言の抗弁もせず、沈黙を守ったまま従容《しょうよう》として死についたことは、あまりにも有名な話だ。その沈黙の真意、是非はさておくとしても、自己弁護に懸命な人々のなかにあって、その沈黙がひときわ印象深く人々の心に残ったということに、私はこの荀子の言葉を思い浮かべる。

この言葉をそのままに訳せば、発言によって核心を突くのは「知」といえるが、沈黙によって核心を突くのもやはり「知」である、ということになる。雄弁も沈黙も同列だと荀子はいっているのである。しかしときには、意思を表明するのに言葉が不要な場合もある。言葉を発しなくても、表情、まなざし、物ごしで、核心に触れる何事かを十分に伝えることができるのだ。

もちろん、主張すべきことは主張したほうがいいが、つまらぬことを主張するよりは、沈黙を守ったほうがはるかに説得力がある場合も多いのである。

ただし、雄弁であれ沈黙であれ、核心を突いたものであってこそ、はじめて「知」といえるのである。これは断わるまでもない。

偏見を自覚せよ

6 人《ひと》の患《うれい》は、一曲《いっきょく》に蔽《おお》われて大理《だいり》に闇《くら》きにあり

《人之患、蔽於一曲而闇於大理》

「群盲象をなでる」という諺がある。象というものを知らない盲人たちが、各人、象を手で触れて、象とはこういうものだと議論した。鼻に触れた人が象は蛇のようにひょろ長いものだといえば、腹に触れた人はいいやそれは壁のようなものだと反論する。耳に触れた人はうちわのようだといい、足に触れた人は丸太のようだという。議論は互いに譲らず、果てしなく続く。つまるところ人間の認識とは、こうしたレベルからなかなか脱け出せないものであるらしい。

「患」とは欠点という意味だ。だからこの荀子の言葉は、「人間の欠点は、物事の一面にとらわれてしまって大局的な判断ができないことにある」という意味になる。たしかに、人間の認識には偏りがある。どんなに客観的に見ているつもりでも、それぞれに避けがたい偏見がある。その偏見が心を惑わして、全体像の把握を困難にしているのだ。

やっかいなのは、こうした自らの偏見を自分ではチェックしにくいことだ。物事を正しく認識するのはそれだけ難しい。少しでも正しい認識に近づくためには、まず自らの偏見を自覚することから始まるのではないか。

ホコリはたえずぬぐえ

7 疑《ぎ》を以《も》って疑《ぎ》を決《けつ》すれば、決《けつ》必《かなら》ず当《あ》たらず

《以疑決疑、決必不当》

あやふやな根拠とあやふやな心によって判断を下すと、必ず見当はずれな結論が導かれるというのである。しかし、正しい判断を下すためにはそれだけではまだ十分でないとして、荀子はさらにこう語っている。

「事物を観察するとき、あれこれ疑い迷っていたのでは、是非善悪をきちんと判断することはできない」

唐の五祖弘忍は、後継者を選ぶ際に、弟子たちに悟りの境地を偈文に詠ませた。まず秀才の誉れ高い神秀は「われらの心は、煩悩のホコリによって曇る鏡のようだ。だから、たえずホコリをぬぐわねばならぬ」と詠んだ。これに対して無学の慧能《えのう》は、「悟りは曇りのない鏡ではない。もともと何もないのだ。どこにホコリのつきようなどあろう」と詠んだ。

後継者に選ばれたのは慧能である。弘忍は、「何もないこと」こそ禅の心と見たのだ。

正しい判断を下すためには、慧能とまでいかなくとも、神秀のようにときどきは心のホコリをぬぐって、心の迷いをなくすことが必要なのかもしれない。

友人は自分の“鏡”

8 其《そ》の子《こ》を知《し》らざれば、其《そ》の友《とも》を視《み》よ

《不知其子、視其友》

先日の新聞で、女子高校生を子にもつ母親のこんな投書が目にとまった。

わが子が友人とスーパーへ行ったときのこと、その友人が万引きをして、店の人につかまってしまった。ところがその店の人は、何もしていない自分の子まで も、その万引きした子の友だちだということで一緒に警察に引き渡してしまった。結局その子の嫌疑は晴れたのだが、店の人はこのことについてひと言もあやまろうとしない。万引きするような友だちとつき合うのが悪いとまでいう。こんな店員の態度が許せない。こういう内容の投書だった。

世間では往々にして、人間を、その人の交遊関係を見て評価する。この母親の憤慨はわからぬではないが、店の人がその子を「万引きをするような友だちをもつ悪い子」と見たのも、無理からぬ面があるのではないだろうか。

人間は環境に左右される。友人関係も環境の一つの要素だが、とりわけ若いころはそうした友人の影響を受けやすい。ともすると我が子の姿を客観的に見ることができなくなるのが親の常だが、「その友を視よ」というのは、そんな親に対する適切なアドバイスでもある。

不遇は遇の「前兆」と思え

9 遇《ぐう》と不《ふ》遇《ぐう》とは時《とき》なり

《遇不遇者時也》

荀子のこの言葉は、次のような孔子のエピソードから出ている。

孔子が弟子を引きつれて諸国を遊説していたときのことだ。ある国で政争に巻きこまれ、食事にもありつけないまま、何日も立往生をしてしまった。弟子のひとり子路《しろ》が、この状態に耐えかねて、「君子でも、こんなみじめな思いをすることがあるのですか」と孔子に愚痴をもらしたところ、孔子は「誰の人生にも遇と不遇がついてまわる。肝心なことは不遇な時の過ごし方だ」と子路の不満をなだめたという。

どんな人にも、不遇の時期というのがある。何をやっても上手くいかない。やることなすこと裏目に出る。こんなことばかり続くと、誰しも悲観的にならざるをえない。しかし誰の人生にも、必ず遇の時が巡ってくる。だから、あわてずさわがず、じっとその時が来るのを待てばよい。

逆に、遇の時には、何をやってもトントン拍子にいく。ついてついて、つきまくる。しかし、いずれ不遇の時が来るのだから、いたずらに浮かれ騒がず、慎重かつ謙虚に生きることを心がけたい。

持てる者の最大義務

10 有《あ》りて施《ほどこ》さざれば、窮《きゅう》して与《あた》えらるることなし

《有而不施、窮無与也》

中近東に住んだことのある日本人の滞在記などを読むと、一様に出てくるのは、「施し」という行為に対するカルチャーショックである。

貧しい人々は、堂々と「施し」を要求する。持てる者が持たざる者に富を分け与えるのはしごく当然のことであり、それは神の意思でもある。施す側も、施すことによって神の祝福をより多く得られる。こうして社会のバランスを保つ。これが彼らの感覚のようだ。「働かざる者食うべからず」の考え方が根強い日本人は、なかなかこの感覚になじめない。だが、実はこれは生きていくうえで、きわめて大切な原理なのではないだろうか。

お金に十分な余裕があっても、ふところに抱え込んだり、つまらない使い方をしたりする人が少なくない。しかしそんなことをしていると、いつか立場が変わったとき、誰からも助けてもらえなくなる。世の中はお互いさまだから、余裕があるときには人助けをしたほうがいい。こう荀子はいっているのである。

困っているときは遠慮なく助けてもらい、余裕ができたら喜んでお返しをする。人生のバランスシートをチャラにすることを目指したい。

「動く」力と「動かす」力

11 君《きみ》は舟《ふね》なり、庶人《しょじん》は水《みず》なり

《君者舟也、庶人者水也》

舟は、それを浮かべている水しだいで、安定もすれば転覆もする。君主と人民の関係にも同じことがいえる。人民の出方しだいで、君主の座は大きくゆらぐ。つまり、君主は舟、人民は水である。したがって、君主が自分の地位を安泰にしたいと思えば、まず何より人民の信頼を得ることだ——これがこの言葉の意味である。荀子はこれを為政者の心構えとして説いたのだが、現代の管理職にも、そっくり当てはまるだろう。

いくら辣腕の管理職がいても、しっかりと部下に支えられていなければ、その部署の成績を上げることはできない。一方、いささか能力の劣る管理職であっても、部下との信頼関係さえしっかりしていれば、立派に仕事を成し遂げることができる。管理職は舟、部下は水なのである。

管理職ひとりですべての仕事ができるわけはない。たとえ本人に能力が足りなくても、優れた部下を十分に心服させて把握する能力があれば、仕事はそれなりに成就する。要するに、管理職とは部下に支えられた存在なのである。水は静かなようでいて、実は巨大なエネルギーを秘めていることを忘れてはならない。

「言いたがり屋」は「聞きかじり屋」

12 小人《しょうじん》の学《がく》は耳《みみ》より入《い》りて、口《くち》より出《い》ず

《小人学也入乎耳、出乎口》

坂本龍馬は、西郷隆盛を評して次のように語ったという。

「西郷という男は大きな太鼓だ。小さく叩けば小さく響く。大きく叩けば大きく響く」

こちらの叩きようで返ってくるものが違うということだろう。坂本龍馬はおそらく荀子を学んでいたのではなかろうか。荀子はこの言葉に続けて、「君子打たねば響かぬなり、打てば響くものなり」と語っている。君子は、聞かれもしないのに自分からベラベラしゃべったりしない。問われてはじめて語るのだという。

つまり、この二つの言葉を総合すれば、荀子はこういいたかったにちがいない。

学問とは、本来、自分自身の向上のためにするものだ。ところが小人は、学問を売り物にし、耳から聞きかじったことをそのまま口にするので少しも身につかない。自分のなかに本当の学問を積んでいる人は、決してひけらかすことなく、相手に応じて答えを返すのだという。

私どもにとっては、ずいぶんと耳の痛い話ではないか。

未来は現在にある

13 千歳《せんざい》を観《み》んと欲《ほっ》すれば、則《すなわ》ち今日《こんにち》を審《つまび》らかにせよ

《欲観千歳、則審今日》

未来予測をする場合、未来だけを見ても仕方がない。今日のことを明確に知ることが大切なのだという。未来につながる芽や兆しは、現在のなかにある。いま、兆しつつある兆候を発見して、その上に立って将来を展望せよというのだ。理屈ではわかっていても、いざ実行となると、意外にこれが難しい。

ひところのアメリカは財政赤字と貿易赤字に苦しんだが、その原因は、レーガン大統領の大減税政策にあったといわれる。減税をすれば、個人や企業にお金が余るので消費に向かわせることができ、国内の産業は振興し、その分だけ税金が懐に入って財政も安定する、という計算だった。しかし実際は、余ったお金は日本や韓国などの安くて品質のいい製品に向けられ、その結果、貿易収支は赤字、お金は国外に流れて財政も赤字になったというのである。

高い目標を掲げるのはよい。だが、足元の対応を誤ると、ついこんな失敗を犯してしまう。

遠い先のことを取り越し苦労しても仕方がない。当面の問題にどう対処するかを考え、そのなかで足元を固めて将来の展望をつかむ生き方が望まれる。

“性悪”だからこそ

14 青《あお》はこれを藍《あい》より取《と》りて、而《しか》も藍《あい》より青《あお》し

《青取之於藍而青於藍》

「藍」はタデ科の一年草で、葉や茎をしぼって藍染めの染料として使われてきた。この言葉は普通「青は藍より出でて藍より青し」という言いまわしで通用している。また、ここから「出藍《しゅつらん》の誉《ほま》れ」という言葉も生まれた。近ごろはめったに耳にすることもなくなったが、弟子が師よりも優れていることをいうのである。もっとも荀子は、「師よりも偉くなれ」という教訓のためにこの言葉をもち出したわけではない。

荀子は、「社会がこんなに混乱しているのは、人間は誰でも利益を追い、快楽を求める側面をもっているからだ」という、性悪説を主張した。ただし、それを矯正する方法がないわけではない。それはほかでもない、教育であるとして、教育を重視した。彼はこう語っている。

「木は墨縄に当てて削ればまっすぐになるし、金属は砥石《といし》でとげば鋭利になる。それと同じように、人間も毎日反省をくり返して学問に励むなら、英知が増して誤ったことをしなくなる」

つまりこれは、教育の効果に期待をかけた言葉だったのである。

力は「将」でなく「人心」にあり

15 用兵攻戦《ようへいこうせん》の本《もと》は、民《たみ》を壱《いつ》にするに在《あ》り

《用兵攻戦之本、在乎壱民》

荀子が楚《そ》の国の将軍と兵法論を戦わせたときのことである。相手の将軍は、「さよう、まず天の時、地の利を得たうえで、敵の動きを見極めてから行動を起こし、しかも先手を取ること。これが用兵の基本でしょうな」と語った。さすがに戦争のプロだけあって、戦いのツボを押さえているかに思われる。しかし、荀子の見方は違っていた。「然《しか》らず」といって語ったのが、この言葉だったのである。用兵の基本は国民の心をひとつにまとめることにあるのだという。

なぜこれが用兵の基本なのか。荀子はこんな説明をしている。

「六頭立ての車を走らせるとき、馬が足並みをそろえなければ、どんな名馭者がいても遠くまで車を走らせることはできない。同様に、国じゅうの支持が得られなければ、どんな名将がいても必ず勝つとはかぎらない。だから、本当の戦上手というのは、国民の心をよく掌握したうえで、とりかかるのである」

まず国民の支持を高め、将兵の心をとらえて、組織を打って一丸とする。これがすべてに優先するということであろうか。

第八章

菜根譚

窮地に立たされたときに、己れを見つめ直す

裏も表も知りつくした人生の「伴走書」
――自分を傷つけないで生きるアドバイス

『菜根譚』もまた江戸時代の昔から、ずいぶんと読まれてきた古典である。いまでも広く読まれている。幅広く読まれているという点では、たぶん、『孫子』あたりと双璧を成しているかもしれない。

なぜこの本がそれほど読まれてきたのであろうか。『菜根譚』は、ひと言でいえば、中国流の処世の道を説いた本であるが、その説くところがわれわれのそれとはひと味もふた味もちがっていて、教えられるところが多いからにちがいない。

十数年ほど前、拙訳の『新釈菜根譚』(PHP研究所)を出版したとき、年配の読者の方から、「今度、あなたの翻訳で読み直してみて、中国人の底知れない知恵の深さに、ほとほと感服しております」という手紙を頂戴した。嚙めば嚙むほど味の出てくるのが、『菜根譚』という本である。

中国には昔から、儒教と道教という二つの思想の流れがあった。儒教というのはエリートの思想であり、表の道徳である。また、広く人たるの規範を示しているという点では、建て前の道徳といってもよい。だが、表の道徳だけでは世の中は息苦しい。そこで必要になるのが、それを補完する裏の道徳である。その役割をになってきたのが道教だった。

儒教がエリートの思想だとすれば、道教は民衆の思想である。また、儒教が建て前の道徳だとすれば、道教は本音の道徳だといってよいかもしれない。

儒教と道教は、このような関係を保ちながら、中国人の意識や生活を支配してきた。だが両者とも、人々の悩める心の問題にまでは、ほとんど関心を示さない。その欠を補ったのが、のちにインドから伝えられた仏教だった。

『菜根譚』は、この三つの教え、すなわち儒教と道教と仏教を融合し、その上に立って円熟した処世の道を説いた本である。

だから、それぞれの境遇に応じて、必ずや得るところがあるはずである。厳しい現実のなかで苦闘している人々は適切な助言を見出すであろうし、不遇な状態に苦しんでいる人々は慰めと励ましを受け取るであろうし、心のイライラに悩まされている人々は大いなる安らぎを与えられるであろう。

ちなみに、この本の作者は明《みん》代の洪自誠《こうじせい》という人物であるが、くわしい経歴などはよくわかっていない。

お先にどうぞの精神

1 径路《けいろ》の窄《せま》き処《ところ》は、一歩《いっぽ》を留《とど》めて人《ひと》の行《ゆ》くに与《あた》えよ

《径路窄処、留一歩与人行》

イギリスでは「アフター・ユー」(After you・お先にどうぞ)という精神が、マナーの基本のひとつになっている。だから、交通道徳なども、ごく自然に守られているらしい。五本も六本もの路から自動車が集まってくるロータリーでも、日本にあるようなややこしい信号はないそうだ。車がどっと流れこんできても、クラクションをうるさく鳴らすこともなく、ちゃんとさばけていくという。やはり「アフター・ユー」の精神に徹しているからだろう。

「径路の窄き……」は、そういう謙譲の美徳を説いている。道の狭いところでは、ちょっと立ちどまって、人に先を譲るようにすべきだ。そういうわずかな心がけが、人生を楽しく安らかなものにしてくれるというのである。

日本人は古来、謙譲の美徳を旨とする民族であったはずなのに、最近はずいぶんあやしくなってきた。電車に乗れば、荷物を座席に置いて平気で二人分の席を占めている人をよく見かける。目の前にお年寄りが立っているのに、数人の若者が大股を広げて座席を占領し、席を立とうとする気配さえ見せない。こういうことの積み重ねが、やがては社会全体をギスギスしたものにしていく。

「三分の男気」をもて

2 友《とも》と交《まじ》わるには、すべからく三分《さんぶ》の侠気《きょうき》を帯《お》ぶべし

《交友、須帯三分侠気》

日本では、「侠気」といったら、ヤクザ者の世界を思い浮かべる人が多いかもしれない。親分や兄弟分のためなら命まで投げ出すのが、ヤクザの侠気ということになっている。友だちづき合いでも、侠気、つまり男気が重視される。与謝野鉄幹も「友を選ばば書を読みて、六分の侠気、四分の熱」と歌っている。

さらに度が過ぎると、理非の判断を超えて力を貸すのがよき友とされるような傾向もないではなかった。

『菜根譚』は、友だちとのつき合いでも、侠気は三分に抑えろといっている。

これがゼロだと、もはや友とはいえない。だが八分も十分も発揮したら、共倒れになる恐れがあるし、第一、交友が長続きしない。

任侠道というのは、もともと中国のほうが先輩である。中国には、古くから「遊侠《ゆうきょう》」の徒がいたが、どうやら事情は日本と同じで、しばしば暴走することもあったらしい。『韓非子』も「侠は武《ぶ》を以《も》って禁を犯す」といっている。ひと肌脱いで格好いいところを見せようとすると、ついコントロールがきかなくなる、という教訓である。

“非礼のお返し”

3 人《ひと》の悪《あく》を攻《せ》むるには、太《はなは》だ厳《げん》なることなかれ

《攻人之悪、毋太厳》

会社の部下が不注意から過ちを犯したり、自分の子どもが悪いことをしたとき、見て見ぬふりをするのは責任放棄である。が、その叱り方が難しい。『菜根譚』は、人を叱るときはあまり厳しい態度で臨んではいけない、といっている。人間は他人の欠点はよく見えるのに、自分の欠点は見えない。だから人を叱るとき、つい自分の欠点を棚上げして、相手を厳しくとがめがちだ。それが度を越せばかえって相手の反感を買い、説得効果もなくなってしまう。

『菜根譚』は続けて「相手が受け入れる限度を心得ておくべきだ」ともいっている。人生の達人は、叱るときも相手に逃げ道を用意しているものだ。

こんな話を聞いた。ある大学教授が、日本に研究に来ているイギリス人学者の自宅で酒を飲みながら歓談したが、不覚にも泥酔してしまった。翌日、教授は居ても立ってもいられなかった。非礼を詫びる電話をかけるのも恥ずかしい。すると、深夜になって、かなり酔っている様子のイギリス人学者が、突然訪ねてきた。「急にあなたと飲みたくなった」という。イギリス人学者は、〝非礼のお返し〟をすることで、相手の負担を軽くしてくれたのである。

絶頂のあとは下るだけ

4 欹《き》器《き》は満《み》つるを以《も》って覆《くつがえ》る

《欹器以満覆》

「欹器」とは水を入れる器のことで、水が空っぽのときは傾き、半分ほど入れるとまっすぐ立つが、いっぱいにするとひっくりかえる。つまり、満ち足りた状態、よすぎる状態を戒めた言葉である。これは別名「宥座《ゆうざ》の器」とも呼ばれ、『荀《じゅん》子《し》』の「宥座篇」にも、次のような話が出てくる。

孔子が魯《ろ》の国の宗廟《そうびょう》を参観したとき、この「欹器」を目にとめ、試しに弟子に命じて水を注がせた。すると、満杯になったとたん、たちまちひっくりかえった。それを見て孔子は「ああ、いずくんぞ満ちて覆《くつがえ》らざるものあらんや」と慨嘆したという。これもまた、満ち足りた境遇にある者を戒めた言葉にほかならない。

満ち足りた状態は危険の前触れであり、もっとも注意しなければならない。日本にも、「驕《おご》る者久しからず」という言葉があるではないか。

それを忘れた典型が、近ごろの日本経済といえるかもしれない。目いっぱい稼ぎすぎたツケがまわってきた。経済だけではない。われわれの人生においても、ツケは必ずまわってくる。満ち足りた状態にある者ほど、そのことを覚悟しておいたほうがよいかもしれない。

蜜を使って甘すぎず

5 清《せい》にして能《よ》く容《い》るるあり、仁《じん》にして能《よ》く断《だん》を善《よ》くす

《清能有容、仁能善断》

あの人は、いっていることは正しいけれど融通がきかなすぎる、といったりする。たとえば、小さなアラを探して部下を責める上司などがそれに当たるかもしれない。あるいは禁欲主義の塊みたいな道徳律を自分に課し、他人にもそれを強要したがる人もいる。

その反対に、日本の政治家によくみられるタイプなのだが、「清濁併せ呑む」といいながら、濁のほうばかり呑んでしまう人も少なくない。

いずれもバランス感覚に欠けているといえるだろう。「清にして……」は、そのバランス感覚を説いた言葉である。清廉であって、しかも包容力がある。思いやり（仁）があって、しかも決断力に富んでいる――つまり、矛盾しがちな二つの面を両立させることによって、理想の人間像に近づくことができるのだという。

その理想像はさらに具体的に説かれている。

「洞察力があって、しかもアラ探しをしない。純粋であって、しかも過激に走らない。これを蜜を使って甘すぎず、塩を使って辛すぎずという」

蜜と塩で譬えるあたりが、『菜根譚』の面白さといえるかもしれない。

相手の傷にさわるな

6 人《ひと》の小過《しょうか》を責《せ》めず、人《ひと》の陰私《いんし》を発《あば》かず、人《ひと》の旧《きゅう》悪《あく》を念《おも》わず

《不責人小過、不発人陰私、不念人旧悪》

たとえば、奥さんがご亭主をこんな調子で責めたとする。

「えっ、忘れたの？　今朝、あれほど念を押したでしょ。うちの○○ちゃんは、あそこのドッグ・フードしか食べないのよ。要するにあなたは、わたしのいうことなんか聞いていないのよ」

「きょう△△さんの奥さんに電話したら、聞いちゃったわよ。あなた、また課長になれなかったんですって。隠したってわかるんですからね」

「あなたってそういう人なのよ。わたしとの約束なんて、どうだっていいんでしょ。あのときだってそうよ。うちの両親とはじめて会うときに席まで用意しといたのに、その日になって仕事でダメになったって。いつだってそうなんだから」

どのセリフを口にしても、夫婦は上手くいかない。『菜根譚』は、人間には思いやりが必要だと説いている。つまり、小さな過失はとがめない。隠し事はあばかない。さらに、古傷はそっとしておきなさい、というのである。世の中には、その逆を平気でしている人がいかに多いことか。

難関にさしかかったとき

7 変《へん》に処《しょ》しては、まさに百忍《ひゃくにん》を堅《かた》くして以《も》って成《な》るを図《はか》るべし

《処変、当堅百忍以図成》

企業は、新人の募集に当たって運動部の補欠選手を採用することが多いという。補欠選手は、試合に出られない悲しさにじっと耐えてきたので、忍耐心が備わっている。その忍耐心が貴重なのだという。それだけ、いまの若い人には忍耐心が欠けているのかもしれない。「変に処しては」とは、難関にさしかかったとき、あるいは人生の踏んばりどころと解してもいい。そういうときは、ひたすら耐え忍んで初志を貫徹しなければならないのだという。

唐の時代に、張公芸《ちょうこうげい》という人がいた。この人の家庭は「九世同居」、つまり大家族がひとつ屋敷で仲睦まじく暮らしていることで知られていた。評判を聞いた、時の皇帝が張家を訪ねて「九世同居」の秘訣を訊ねたところ、張公芸は黙って「忍」の字を百ばかり書いてさし出したという。何世代もの家族が同居していれば、これはもう立派な社会である。ひとりでもわがままな人がいれば、そこに軋《あつ》轢《れき》が生じる。張公芸の「百忍」は、家族和合の秘訣であるばかりでなく、この人生を生きていくうえでの基本的な条件のひとつでもあるといえる。

「才子、才に溺れる」

8 徳《とく》は才《さい》の主《しゅ》、才《さい》は徳《とく》の奴《ど》なり

《徳者才之主、才者徳之奴》

競争の激しい現代社会を生き抜くためには、たしかに才能が必要である。が、才能さえあれば十分かというと、決してそうではない。知人の企業経営者がこういっていた。

「新入社員のときから、きらっと光るものをもってるやつがいるんだね。とりわけ気が利くというのでもないし、仕事の呑み込みが早いというのでもないけれど、ほかのやつとはちがう。結局、それは人間のできが違っているんだ。人間性が育っているんだよ。長い目で見ると、そういうやつは必ず伸びてくるね」

それを『菜根譚』は「徳」といっている。才能も大切だが、人格（徳）が伴っていなければ十分とはいえない。才と徳は車の両輪のようなもので、しかも、どちらが大事かといえば人格のほうが主人で、才能は召使いにすぎないというのである。さらに続けてこう語っている。

「才能に恵まれても人格が伴っていないのは、主人のいない家で召使いがわがもの顔に振る舞っているようなものだ。これではせっかくの家も、妖怪変化の巣窟と化してしまう」

自ら水に濡れ、泥にまみれろ

9 徳《とく》は事業《じぎよう》の基《もと》なり

《徳者事業之基》

道元禅師の法語を弟子たちがまとめた『永平広録』に、「合水和泥」という言葉がある。簡単にいうと、自分が水に濡れ泥にまみれなければ、溺れている人を助けることはできないという意味であるらしい。

「徳は事業の基なり」とは、文字通り、事業を発展させる基礎になるのは、経営者その人のもっている徳ということである。『菜根譚』では、このあとに「基礎がぐらついているのに、建物が堅固であったためしはない」とつけ加えているが、ではその基礎となる徳とは何か、と問われたとき、道元禅師の教えはひとつの答えになるのではないかと思う。

中国の興亡の歴史を辿ってみると、勝ち抜いていったリーダーは、ずばぬけた能力をもっていただけでなく、謙虚、寛容、思いやり、信頼、精励などの優れた徳を身につけていた。リーダーがこういう徳に欠けていたのでは、人望を集めることはできないし、したがって大きな仕事を成し遂げることもできない。

少なくとも、溺れる人を見て、自分の身を濡らさずに「その人を助けろ」と声高に叫ぶだけでは、人は動こうとしないはずである。

欲よりやっかいなもの

10 縦欲《しょうよく》の病《やまい》は医《いや》すべし、而《しか》して執理《しゅうり》の病《やまい》は医《いや》し難《がた》し

《縦欲之病可医、而執理之病難医》

私欲に凝り固まった病は治すことができるけれど、理屈に凝り固まった病は治しにくい、というのである。これもなかなか含蓄がある。

人間の欲望は、時がたてば自然に少なくなっていくのが普通だろう。若いころは人を蹴落としてまで出世したいと願っていても、自分の能力がわかり、周囲の状況も客観的に判断できる年齢に達すると、出世欲などは否応なくしぼんでしまう。あるいは、なにかの拍子に、欲望の空しさを悟ることもあるだろう。

それにくらべると、「執理の病」のほうは簡単に治らない。たとえば、理屈っぽい人である。この世のすべてを理屈で納得しないと気がすまない。その理屈に客観性があればまだしも救いがあるが、自己主張による手前勝手な理屈を振りかざすと、もう手に負えない。

もちろん、自己主張することは悪いことではない。つねに「イエスマン」であるよりは、堂々と「ノー」を主張するのは、むしろ奨励されてよい。

しかしその主張が、他人の意見にいっさい耳を貸さないようでは困るのである。それでは自分を向上させることもできないし、まわりの支持も得られないだろう。

「付け焼き刃」ははがれる

11 磨《ま》礪《れい》はまさに百《ひゃく》煉《れん》の金《きん》の如《ごと》くすべし、急《きゅう》就《しゅう》は邃《すい》養《よう》にあらず

《磨礪当如百煉之金、急就者非邃養》

自分を鍛えることの難しさを説いた言葉である。「磨礪」は磨くこと、「邃養」は深く養うこと。自分を鍛えるときには、金を精錬するときのように、じっくり時間をかけなければならない。速成ではどうしても人間の底が浅くなってしまうというのだ。

カメラ好きの知人が面白い話をしてくれた。

「いまは、カメラが何でもやってくれる。レンズを向ければ、ぴたりと露出も合うし、ピンボケにもならない。では、土門拳が仏像を撮ったのと同じレンズをつけて、同じアングルから自動カメラで撮ったら、同じような仏像の写真が撮れるか。とんでもない。似て非なる写真ができあがる。機械は一時のうちに露出を決める。土門拳が露出とアングルを決めるには、何十年の経験が積み重ねられている。この差は、どんな優秀なカメラができても埋められないと思う」

自分を練磨するに当たっても、まったく同じだ。即席ではどうしても底が浅くなってしまう。少しずつでもいい、毎日の積み重ねが望まれるのである。

死んでも逃げ腰になるな

12 久安《きゆうあん》を恃《たの》むことなかれ、初難《しよなん》を憚《はばか》ることなかれ

《毋恃久安、毋憚初難》

昭和三十三年のプロ野球開幕試合で、巨人軍のルーキー、長島選手は、スワローズの金田投手に四連続三振を喫した。しかも、四回の打席で、長島選手のバットは一回もボールにかすらなかった。——この両選手の初対決は、プロ野球が続くかぎり永久に語り継がれるにちがいない。

なぜ、こんな話をもちだしたのか。後年、初対決を振り返った金田投手の話が印象に残っているからである。それによると、長島選手は何回空振りをしようと、最後まで思いきりバットを振った。その迫力は、たとえボールに当たらなくても、マウンドの金田投手に伝わった。そのときすでに金田投手は、このルーキーに打たれる日も遠くない、と覚悟を決めたという。

ここで長島選手は、「初難を憚ることなかれ」という『菜根譚』の言葉を体現していたのである。つまり、最初の困難にくじけず、逃げ腰になっていなかった。

前段の「久安を恃むことなかれ」は、あえて説明するまでもないだろう。いまの幸せがいつまでも続くことを期待してはいけないというのだ。「幸せの青い鳥」は逃げ足が早い。そのことをつねに覚悟しておけ、というのである。

“厚み”のある生き方

13 伏《ふ》すこと久《ひさ》しきは、飛《と》ぶこと必《かなら》ず高《たか》し

《伏久者飛必高》

藤沢秀行名誉棋聖の『人生の大局をどう読むか』をたいへん興味深く読ませてもらったことがある。碁では、目前の利益にこだわらず、将来に備えて力をためる打ち方を、「厚みの碁」というそうだ。これを人間にたとえるなら、一見歩みは遅いようにみえるが、一度チャンスをつかむと存分に力を発揮して、一気に遅れを取り戻すタイプである。厚みの碁を好むタイプは、晩成型が多いという。それについて、こうも書かれている。

「ビジネス社会でも、優秀な現実派は、若いうちから着々とポイントを重ねて先行するだろう。それを見ながら、おれは晩成型だから、いま力を蓄えておけばいいんだ、という自信をもてば、別に焦ることもない。やがてチャンスが来れば、十分に追いつくこともできるはずである」

これで、「伏すこと……」の解釈は尽きているのではないかと思う。長い間うずくまって力を蓄えていた鳥は、いったん飛び立てば、必ず高く舞いあがる――まさに、厚みの碁と同じである。だから、たとえ逆境にあろうとも、じっと力を蓄えておけば、必ず力を発揮できる時が来るのだという。

「未完成」を楽しむ心

14 花《はな》は半開《はんかい》を看《み》、酒《さけ》は微酔《びすい》に飲《の》む

《花看半開、酒飲微酔》

これも中国流の〝中流思想〟である。花を鑑賞するなら五分咲きのころ、酒を飲むならほろ酔い気分のあたりがよい。『菜根譚』は「盈満《えいまん》を履《ふ》む者（満ち足りている人）はよろしくこれを思うべし」とつけ加えている。つまりこれは、花の見方と酒の飲み方を語りながら、処世の極意を説いているのである。

何でも思い通りになる満ち足りた境遇にいる人は、往々にして傲慢になり、人から嫌われることが多い。そういう境遇にある人ほど、もう一度「半開の花」の段階に立ち返って、自らの生き方を考え直したほうがよい。そう彼は警告を発しているのだ。

もっとも、あまり処世術にこだわって解釈するのは、少々、不粋に過ぎるかもしれない。満開の花ももちろん悪くはないが、五分咲きの花もまた風流なものである。女性に譬えるなら、乙女の羞《はじ》らいみたいなものを感じさせる。そう素直に解釈してもいいような気がする。

中国人は日本人にくらべると、一般に酒が強い。案外『菜根譚』は、酒はもっと味わって飲もうじゃないか、といいたかったのかもしれない。

欲を減らせば重荷も減る

15 人生《じんせい》、一分《いちぶ》を減省《げんせい》せば、すなわち一分《いちぶ》を超脱《ちょうだつ》す

《人生減省一分、便超脱一分》

この人生では、何でも減らせば、その分だけ俗世間から抜け出すことができる。俗世間から抜け出せれば、それだけ気持ちが楽になる。わかりやすくいえば、あれもこれもとそんなに欲張りなさんな、といっているのである。

『菜根譚』では、さらに次のように語っている。

「たとえば、交際を減らせばもめごとから免れる。口数を減らせば非難を受けることが少なくなる。分別を減らせば心の疲れが軽くなる。知恵を減らせば本性をまっとうできる。減らすことを考えずに増やすことばかり考える者は、まったく自分で自分の人生をがんじがらめにしているようなものである」

現代の我々は、このどれをとっても増やさざるをえない傾向にある。とくにビジネスマンともなればなおさらだ。

しかし、どれか一つでも減らせば、その効果は意外に大きい。

それでなくても、現代はストレス社会だといわれる。これはとくにストレスに悩む人には適切なアドバイスといえるのではないか。

第九章

呻吟語

人の上に立てる人間の〝自分のつくり方〟

時代に流されない〝正統派〟処世道
――悩みながら反省し、苦しみながら自らを律す

『呻吟語』は、いまから約四百年ほど前、明代に書かれた本である。『菜根譚』とほとんど同じころで、中国の古典のなかでは比較的新しい部類に属している。その内容は、やはり人生を語り、人間を論じ、処世の道を説いたもので、現代でも参考になる点が少なくない。

どちらかといえば、『菜根譚』のほうがやや通俗的でくだけているのに対し、『呻吟語』のほうは『正調』であり、オーソドックスである。その違いは、作者の経歴と人生観の違いからきているように思われる。

『菜根譚』の作者、洪自誠《こうじせい》は、一応官界に身を投じながら早くに隠退し、道教や仏教の研究に入ったといわれる。

これに対し、『呻吟語』の著者である呂新吾《りよしんご》のほうは、長く官界にとどまって、中央の要職や地方長官などを歴任している。そして、のちの人々から「純儒」と評されているように、この人の教養の根幹はほとんど儒教であったようだ。

二つの本がほとんど同じテーマを扱いながら、ずいぶんと色合いを異にしているのは、

そういう事情から来ているにちがいない。

では、呂新吾は高級官僚として平穏な人生を送ったのかといえば、決してそうではない。彼はもともと性格の激しい人で、硬骨漢でもあった。悪いことに、彼の生きた時代は政治の乱れがひどく、官界内部も腐敗していた。

そういうなかで、呂新吾もまたわれわれと同じように、ひとりの社会人として、また組織の責任者として、悩んだり苦しんだりすることが多かったにちがいない。それは『呻吟語』という書名からも、うかがい知ることができる。

彼の自序によれば、「呻吟は病声なり。呻吟語は、病むときの疾痛の語なり」だという。この場合、病《やまい》とは体の病であるよりは心の病であったにちがいない。

呂新吾は、そういう悩みや苦しみに反省を加えることによって、彼なりの確信に達していった。それを折にふれて記録にとどめたものが、『呻吟語』だという。

『呻吟語』もまた、人間とはどうあるべきか、人生をどう生きるべきかなど、われわれにとって切実な問題を、さまざまな角度から解き明かしている。その教えには、現代でも参考になる点が少なくない。これもまた先人が残してくれた、すばらしい人生指南の書である。

幸、不幸の分かれ目

1 忍激《にんげき》の二字《にじ》は、これ禍福《かふく》の関《かん》なり

《忍激二字、是禍福関》

日本でも「若気の至り」とか「若気の過ち」という言葉がある。若いがゆえに、ついカーッとなって抑えがきかなくなる。「若気の至り」がよい方向に転ずることもないわけではないが、たいていは後悔のホゾを噛《か》むことになる。

呂新吾は、そんな経験を何度もしたはずである。「忍激」とは、じっとこらえて辛抱することとカーッとなって感情を激発させることで、この二つのどちらをとるかが、幸と不幸の分かれ目になるのだという。これは、彼のいつわらぬ述懐であったにちがいない。

しかしそうはいっても、いやな上司とか、威張りくさった取引き先の担当者とかに対しては、ついカーッとなりやすい。それを抑えるにはどうしたらいいか。

ある大企業の社長さんは、自分のセールス時代を振り返ってこういっている。

「しかし、そのほとんどの人が、仕事ではいやな面を見せるけれども、粘ってよくよくつき合ってみれば、必ずいい面を見せる。それなりの仕事をしている人たちですからね。そのいい面を見ていく。それが私の信条なんです」

社長になるほどの人は、やはりこういう点でも違っているのである。

えこひいきの戒め

2 隔《かく》の一字《いちじ》は、人情《にんじょう》の大患《たいかん》なり

《隔之一字、人情之大患》

「隔」とは、分けへだてをすることで、これははなはだ人情に反しているという。「故に君臣、父子、夫婦、朋友、上下の交わりは、務めて隔を去る。この字、去らずして、而《しか》も怨《うら》み叛《そむ》かざる者は、いまだこれあらざるなり」

つまり、あらゆる人間関係において、えこひいきほど人の心を傷つけるものはない、というのである。この戒めは、勉強のできる生徒ばかりえこひいきをする教師を思い浮かべれば、たちどころに理解できるにちがいない。

大手証券会社に勤める友人が、あるときこうボヤいていた。

「男も女も同じだけど、とくに女性に対しては、呼び方からして神経を使う必要があるんだ。最近は会社でも、〝ちゃん〟づけで呼ぶけれど、ひとりだけ愛称で呼んだりするとまずい。あの子にだけ親しくしている、という印象を与えるらしい」

これ、すなわち「隔」ということになる。一企業の女性社員の問題だからといって、笑ってすますことはできないのである。

この問題は、とくに上に立つ人ほど自戒しなければならない。

3 沈静《ちんせい》なるは最《もつと》もこれ美質《びしつ》なり

《沈静最是美質》

「沈静」という表現は、呂新吾の描く理想の人間像のなかで、重要なキーワードになっている。続けて「そういう人は心がしっかりすわっている」といっているが、そのあとがまた耳が痛い。

「最近の人は、ひとりで退屈しているときは寂しさに耐えられなくなるし、何か問題にぶつかったり人に会ったりすると、今度は抑えがきかなくなって、ペラペラ出まかせをしゃべる。これではどんなに孤高を守っていても、徳のある人物とはいえない」

とくに「何か問題にぶつかったり……」以下は、問題発言をくり返す政治家たちには、ぜひ読んでもらいたいと思う。

昔、イギリスの国会で、野党議員がえんえん三十分にわたって質問演説をした。質問が終わってやおら登壇した首相は、ただひと言、「イエス・サー」と答えたという。この首相は、「沈静の美質」を備えていたのである。それだけ心がすわっていた。質問演説をした野党議員より、役者が一枚も二枚も上だったのである。

こういう「沈静の美質」が、いまほど失われた時代はないような気がする。

4 智愚《ちぐ》は他《た》なし、書《しょ》を読《よ》むと読《よ》まざるとに在《あ》り

《智愚無他、在読書与不読書》

「智」と「愚」の分かれ目は、ほかでもない、本を読むか読まないかにある、というのだ。ただし、呂新吾にかぎらず、中国の先人たちが「書」という場合は、古典や歴史書を指していることが多い。

書店にあれだけの本が氾濫しているのを見れば、一概に、日本人が本を読まなくなったというのは正解ではない。が、少なくとも昔にくらべて、若い人たちが古典を読まなくなったことは確かだろう。

その一方で、司馬遼太郎氏の歴史小説はつねにベストセラーになってきたし、社会に出てから中国古典を読み始める人もいる。思うにこれは、学生のときに歴史や古典を読まなかった反動なのかもしれない。

あるテレビ番組で、面白いデータを披露していた。二千人のビジネスマンを対象に「いま一番やり直したいことは」と質問したところ、「勉強をやり直したい」という答えが最高だった。しかも、三十代、四十代、五十代の年代別では、三十代が一番高い数字を示したという。その勉強には、当然、歴史や古典も含まれているにちがいない。

「数の力」を甘く見るな

5 専欲《せんよく》は成《な》り難《がた》く、衆怒《しゅうど》は犯《おか》し難《がた》し

《専欲難成、衆怒難犯》

亡くなった小佐野賢治氏は、「政商」とも「乗っ取り王」とも称され、マスコミでの評判もあまり芳しくなかった。が、小佐野氏のホテル王としての評価は、決して悪くはない。とくに、海外での評判はきわめて良かったといわれる。

たとえば、アメリカではホテルのオーナーが代われば、経営陣はまず間違いなくクビになる。しかし、小佐野氏は海外でホテルをいくつも買収したが、経営陣はほとんどそのまま動かさなかった。クビを覚悟していた経営陣は、当然、意欲を燃やして働く。業績が上がれば昇給もする。このため、小佐野氏に乗っ取られたホテルでの小佐野評は上々だったという。

強引に経営陣のクビをすげかえれば、従業員の反感を買う恐れがある。そうなっては、経営はスムーズにいかない。小佐野氏は、そのあたりの人情の機微を心得ていたのである。

呂新吾も、自分ひとりの欲望――「専欲」はかなえがたく、大勢の怒り――「衆怒」に逆らうことはできないといっている。現代でも、自分の考えを押しつけるだけでは、とうてい大事業を成し遂げることはできないと心得たい。

責めるときは控え目に

6 人《ひと》を責《せ》むるには含蓄《がんちく》せんことを要《よう》す

《責人要含蓄》

相手の過ちをとがめるときは、いいたいことを全部いってしまわないほうがよい、というのである。

これもまた、呂新吾の政治生活から生まれた教訓だろう。彼はさらに、具体的にその要諦を語っている。

「人を責めるのは、控え目にしたほうがよい。また、直線的に責めたてないで婉曲ないい方をしたほうがよい。さらに露骨ないい方は避け、何かの譬えでも引いて、それとなく指摘したほうがよい」

叱りベタというのはこの逆をやっている。たとえば、部下から提出されたレポートに誤字があったとする。上司が「こんな字も知らないのか」とでもいってしまっては、ミもフタもない。「おれも字を知らないから、レポート書くたびに辞書を引いたもんだよ」とでもいえば、叱られたほうも、これからは辞書を引こうという気になってくる。

呂新吾は、「父と子の関係でも叱られれば耐えきれなくなることがある。まして他人同士では、なおさらではないか」とダメを押している。

誇りと自惚れを混同しない

7 士気《しき》は無《な》かるべからず。傲気《ごうき》は有《あ》るべからず

《士気不可無。傲気不可有》

「士気」は人間としての誇り、「傲気」は人を凌ごうとする気持ち。両者の違いを次のように説いている。

「士気をもつ者は自分と他人の別をわきまえ、あくまで正しい道を守って、やたら他人に迎合しない。傲気をもつ者は上下のけじめをわきまえず、高い地位ばかりねらって与えられた責任を果たそうとしない」

ごくわかりやすくいえば、毅然とした上司と、やたら部下に威張りたがる上司の違いと思えばよい。後者のような上司にかぎって、自分より位が上の役職者に対しては、なんとか取り入ろうとして強烈にゴマをする。

呂新吾は「傲気に凝り固まった者は、あるいは深夜ひそかに、人に哀れみを乞うような事態になるかもしれない」と手きびしく決めつけている。

自分を見る場合には、「傲気」を「士気」とカンちがいし、人を見る場合には、相手の「士気」を「傲気」だと決めつけることが少なくない。そういう点にも十分注意して、対処したいところである。

ない「爪」を振りかざす害

8 才《さい》を露《あら》わすはこれ士君子《しくんし》の大《だい》なる病痛《びょうつう》なり。尤《もっと》も才《さい》を飾《かざ》るよりも甚《はなは》だしきはなし

《露才是士君子大病痛。尤莫甚於飾才》

「士君子」は「士」プラス「君子」。ひとかどの人物がやたら才能をひけらかすのは困ったものだ、しかし、それよりもっと困るのは飾ることだという。

「なぜなら、ひけらかすのは、もっているものを隠さないことだが、飾るというのは、もっていないものまでもっているように見せかけることだからである」

マスコミが発達した現代の病弊を見越しているような指摘である。マスコミは、実像を飾らせて巧みに虚像をつくり出す。アイドル歌手などはその典型だろう。テレビは彼らをいかにも健康そうに映し出しているが、実像とはほど遠い。

目くじら立てるつもりはないが、周囲の人間が彼らをいかに酷使しているかということくらいは、誰でも知っている。しかし、テレビはそういう面をちらりとも映さない。

恐ろしいのは、虚像を見慣れていると実像を見失ってしまうことである。これは決して珍しい現象ではない。マスコミ時代に生きる人間は、実像と虚像を見分ける目をもつ必要がある。

下の「声」を聞く「耳」をもて

9 愈《いよ》いよ上《のぼ》れば則《すなわ》ち愈《いよ》いよ聾瞽《ろうこ》なり

《愈上則愈聾瞽》

NTTの真藤元社長が電々公社総裁に就任したとき、真っ先に手をつけたのは、消費者からくるクレームを迅速に処理する機構をつくることだった。そのためには、当然、窓口や工事現場の職員の意見も採り入れた。その結果、下意上達がスムーズに運ぶようになり、公社の風通しがきわめてよくなったという。

組織が大きくなればなるほど、現場の声はトップに伝わりにくくなる。トップの周囲に茶坊主どもが侍り出すと、いよいよ風通しが悪くなり、組織全体が動脈硬化を起こしやすい。

呂新吾も、その弊害をよく知っていたらしい。地位が高くなればなるほど、耳が聞こえなくなり眼が見えなくなる。逆に、彼によれば、地位が低ければ低いほど、耳が聞こえ、眼が見えるようになる。

だから、見聞による知識に関するかぎり、君主の知識は宰相に及ばないし、宰相の知識は監察官に及ばない。知識が一番あるのは、人民だということになる。

君主を社長に置き換え、以下順に役職を当てはめていけば、この指摘はそのまま現代の企業にも当てはまる。

つかず離れずの「最適距離」

10 小人《しょうじん》を処《しょ》するは、遠《とお》ざけず近《ちか》づけざるの間《かん》に在《あ》り

《処小人、在不遠不近之間》

『論語』に「女子と小人とは養い難しとなす。これを近づくれば不孫《ふそん》、これを遠ざくれば怨む」とある。さすがの孔子も、女性は扱いかねたらしい。近づければ慣れ慣れしくつけあがってくるし、放っておくと機嫌が悪くなるというのだから、なかなか実感がこもっている。

「小人を処するは……」も、考え方としては孔子と同じである。小人は近づけると負担になるし、かといって冷遇すると恨まれて、何をされるかわからない。適当に距離を保って遇するのがいい、というのだ。

呂新吾はまた、こうも語っている。

「まむしが好きだからといって、手を出して撫でたりすれば、たちまちその毒にやられてしまう。虎が嫌いだからといって、下手になぐりかかれば、たちまち嚙み殺されてしまう」

まむしも虎も、そっとしておくにかぎる。「さわらぬ神に祟りなし」というわけだ。呂新吾は当然『論語』を読んでいるから、これを書くとき、「小人」とともに「女子」も意識していたかもしれない。

人の傷に塩を塗らない

11 失意《しつい》の人《ひと》に対《たい》しては矜《ほこ》ることなかれ

《対失意人勿矜》

この言葉の前にはこうある。

「憂《うれ》うる人に対しては楽しむことなかれ。哭《こく》する人に対しては笑うことなかれ」

つまり、心配ごとをかかえている人に対しては楽しそうな顔をしてはならない。泣いている人に対しては笑い顔を向けてはならない。そして表題の言葉、失意の人に対しては得意げな態度を見せてはならない、と呂新吾はいう。

私たちはよく、悲しそうな人に対して、「元気をだせよ」と不自然に明るく振る舞ったり、落ちこんでいる人に対して、ついつい下手な説教をぶったりしがちである。

呂新吾は、これを戒めている。人間は、相手の傷の痛さがわからない。だから、その傷をさらにいためつけるようなことだけはするな、と説いているのだ。

立場を逆にしてみよう。かりにこちらが失意の状態にあったとする。しかし、おれは辛いんだ、苦しいんだといってみたところで、相手は対応に困るであろう。できれば、そんな素振りは表に出さないことが望ましい――こういう「お互いさま」の精神が、人間関係を上手に保っていくための基本なのである。

どうせ売るなら大きな恩

12　善《よ》く恩《おん》を用《もち》うる者《もの》は妄《みだ》りに施《ほどこ》さず

《善用恩者不妄施》

人に感謝の気持ちを伝えるとき、私たちはちょっとしたプレゼントを贈ったり食事に誘ったりするが、ある大学教授は、一年に一度だけ、研究室の助手たちを招待して盛大なパーティを開く。これがまたたいへんな豪華版で、研究室の恒例行事として、みながその日を楽しみにしているという。その教授いわく、

「その代わり、私は、やれひと仕事終わった、やれ誰それの誕生日だといって、食事をおごったりプレゼントをやったりはしません。助手たちにねぎらいの意味をこめて食事をごちそうするのは、年に一回、その日だけです。もちろん、出費は決して小さくありませんけれど」

『呻吟語』の言葉を借りれば、この大学教授は正しく「善く恩を用うる者」ということになる。おそらく彼は、ちょくちょく食事に誘っては、トータルの出費こそ大きくなるものの、結果として感謝の気持ちが伝わりにくいということを知っているのだろう。

知り合いにお金を貸すときもしかり。十万円といってきたら、思いきって二十万円貸したほうが、あとあとのトラブルが少ないのだという。

「幸せ」を追う不幸

13 福《さいわい》は禍《わざわい》なきより大《だい》なるはなし。禍《わざわい》は福《さいわい》を求《もと》むるより大《だい》なるはなし

《福莫大於無禍。禍莫大於求福》

人間には、さまざまな欲望がある。金銭への欲望、性への欲望、上位に立ちたい欲望、そして、幸福になりたいという欲望。

しかし、こういった欲望ばかりに目を向けて、なりふりかまわぬ行動をとると、結局は身の振り方を誤ってしまう。あるいは、欲望の対象を手に入れたとしても、心いやしい人間になってしまう。そこで、呂新吾はこう説く。

「不幸のないことが、何よりも大きな幸せである。幸せを手に入れようとあくせくするのが、何よりも大きな不幸である」

小林一茶に、「めでたさも　中くらいなり　おらが春」という句がある。この句の「中くらい」が、理想なのかもしれない。あまり求めすぎると精神衛生によくないし、結果もよくない。

『菜根譚』にもこうあった。

「減らすことを考えないで増やすことばかり考えている人間は、まったくこの人生をがんじがらめに縛っているようなものだ」

小事を侮ると大事も失敗する

14 君子《くんし》は小損《しょうそん》を重《おも》んじ、細行《さいこう》を矜《つつし》み、微敝《びへい》を防《ふせ》ぐ

《君子重小損、矜細行、防微敝》

近ごろはあちこちで「うっかりミス」のようなつまらない事故が目立っている。その背景には、気持ちのゆるみ、心のたるみがあるように思われてならない。

毎日が何事もなく過ぎていくとつい緊張感がゆるんでしまい、「これくらいはいいだろう」と、手を抜くようになる。それがやがて大きな事故につながっていくのである。そうならないためには、普段からどんな細事にも慎重に対処していなければならない。

呂新吾がここで語っているのも、それと同じ思想である。

「立派な人物は小さな損失を重視し、ささやかな行動を慎み、かすかな破れも見逃さない」というのである。そして、こんな例をあげている。

「大金持ちの息子は、ある日突然貧乏になるわけではない。毎日、毎月、少しずつ財産を減らしていった結果、ある朝目が覚めたら素寒貧になっているのだ。毎日の積み重ねを責めないでその朝だけを問題にするのは、愚かなことである」

それぞれの持ち場で、どんな細事もゆるがせにしないで事に当たる。これもまた信頼される社会人の条件といってよい。

動あれば反動あり

15 愚者《ぐしゃ》はただ其《そ》の極《きわ》まるを楽《たの》しみ、智者《ちしゃ》は先《ま》ず其《そ》の反《かえ》らんことを懼《おそ》る

《愚者唯楽其極、智者先懼其反》

「動あれば反動あり」とか「満つれば欠ける」とはよく耳にする言葉であって、この理《ことわり》を知らない人はないかもしれない。では、いつ動から反動に転ずるのか。呂新吾はこう語っている。「球を壁に投げつけるとする。勢いが強いと、ぽんと手もとにはね返ってくる。このように、物事が極点にまで達すると必ず反動が起こる。そこまで達しないと反動は起こらない」。

繁栄にしても然りである。いつまでも続く繁栄はない。やがてピークの時期を迎え、そして衰退に転じていく。イギリスの繁栄は百年、アメリカの繁栄は五十年続いた。その伝《でん》でいけば、日本の繁栄が二十年も続いたのはよく続いたほうかもしれない。ただし、ピークの時がいつ来ているのか、渦中にいると見極めにくい。かりに気づいても、それを認めたくないのが人情である。そして、浮かれ騒ぐことをやめようとしない。呂新吾にいわせると、それは愚人のすることなのだということ。してみると、とうにピークが過ぎたのに、あいかわらずふやけた顔をして遊び歩いているのは、もっと度し難い愚人だということになる。

第十章

戦国策

◎「説客」たちのこの練りに練られた知恵の数々◎

背水の陣で生きる者の心構え
——現代に残る発想と論理の〝傑作集〟

中国の歴史のうえで、秦の始皇帝が天下を統一するまでのおよそ百八十年間を、戦国時代という。「戦国の七雄」と呼ばれた七つの雄国によって、血みどろの争覇戦が展開された時代である。

しかし、同じ戦国時代といっても日本のそれと違うのは、中国の場合、武力抗争と同時に活発な外交合戦がくり広げられたことである。

『孫子』の兵法は「戦わずして勝つ」ことを理想と見なしている。だとすれば、どうしても外交交渉を重視せざるをえない。厳しい時代を生き残るためには、武力もさることながら、外交で優位に立つ必要がある。こうして、虚々実々の外交合戦がはなやかにくり広げられることになった。

当時くり広げられた外交戦略を総称して「合従《がっしょう》連衡《れんこう》」という。

「合従」とは、台頭いちじるしい西の強国・秦《しん》に対抗するために、東の六カ国が従《たて》に合する戦略である。

また「連衡」とは、衡《よこ》に連なるという意味で、他の六カ国がそれぞれに強国秦の傘下に入って生き残りをはかる戦略である。この二つの外交戦略を軸にして、中国の政局はめまぐるしく変転した。

そういう外交を推進したのが、「説客」とか「遊説の士」と呼ばれる人々である。彼らは、それぞれに秘策を胸に抱いて各国の王に遊説し、王の意向を体して政策の実現に当たった。現代の企業社会でいえば、経営コンサルタントの立場がこれに近いかもしれない。

こういう「説客」たちの逸話を記録したのが、『戦国策』である。

なにしろ「説客」たちは、ほとんど裸一貫から身を起こしている。彼らの武器といえば、「舌先三寸」の弁舌だけであった。遊説を成功させて世に出るためには、弁舌に工夫をこらさなければならない。『戦国策』には、彼らの苦心や手の内が余さず記録されている。

「説客」たちのくり出す奇想天外な発想、意表をつく論理、多彩なレトリック、男の意気地、はったり、ほら話——いずれをとっても、せせこましい現代を生きるわれわれにとっての、一服の清涼剤となるであろう。『戦国策』は歴史の本というよりは、記録文学の傑作といってよいかもしれない。

「九割は五割」の心がけ

1 百里《ひやくり》を行《い》く者《もの》は九十《きゆうじゆう》を半《なか》ばとす

《行百里者半九十》

名君の誉れ高い唐の太宗《たいそう》は、政治の心構えについて次のように語っている。

「国を治めるときの心構えは、病気を治療するときの心がけとまったく同じである。病人というものは、快方に向かっているときこそいっそう用心して看護に当たらなければならない。つい油断して、医師の指示を破るようなことがあれば、それこそ命取りになるだろう。国を治めるに当たってもこれと同じ心構えが必要だ。天下が安定に向かっているときこそ、もっとも慎重にしなければならない」

百里の旅をする者は、九十里まで来た時点で、旅程の半分に達したぐらいのつもりでいることが大事なのだという。

日本でも、『徒然草』に木登り名人の話がある。ご存じの方も多いと思うが、その木登り名人は、木登りをするときどこに気をつけるかというと、登り始めでもないし木の頂きに達したときでもない。降り始めて下のほうまで来たとき、はじめて「気をつけろ」と声をかけたのだという。

政治にかぎらず、事業でも、人生でも、同じことがいえる。大事業を行なおうとする者は、最後のツメをおろそかにしてはならない。

後進の道をふさぐな

2 騏驎《きりん》も衰《おとろ》うるや、駑馬《どば》これに先《さき》だつ

《騏驎之衰也、駑馬先之》

サムエル・ウルマンという詩人の「青春」という詩が、経営者たちの間でひそかなブームを呼んできた。青春とは年齢のことではない。若くてもやる気のない者は、もはや青春とはいえない。齢をとってもやる気さえ失わなければ、それが青春なのだ、といった内容の詩である。こんな詩が読み継がれてきたのは、「まだ若い連中には負けられない」と意気ごんでいる経営者たちの気持ちと共鳴し合うからだろう。

しかし、こういった気持ちがあまり強く出すぎると、逆に、若い人たちが出てくるのを抑えることになってしまう。もちろん老年には老年なりのよさがある。それは十分に認められなければならない。だが、組織の活力という観点から考えてみると、お年寄りがいつまでも先頭に立っているのは、マイナスの面も少なくないのである。

表題にかかげた騏驎とは、想像上の動物である麒麟のことではない。一日に千里走るという駿馬《しゅんめ》のこと。駑馬というのは並みの馬。すなわち、年をとってしまえば、どんなすばらしい駿馬も並みの馬に劣るという意味である。

嘘も重なれば「誠」となる

3 三人言《さんにんい》いて虎《とら》を成《な》す

《三人言而成虎》

魏《ぎ》の重臣、龐葱《ほうそう》は、魏の皇太子が他国の人質に出されるときに、王からそのつき添いを命じられる。すると龐葱は王にいう。

「都に虎が出たと一人がいえば、王様、貴方はそれを信じますか」

「いや、信じない」

「それでは、二人の者がいえばどうですか」

「いや、それでも信じない」

「それでは、三人の者が同じことをいったらどうですか」

「それなら信じるであろう」

「私が都を留守にしている間に私を批判する者は、おそらく三人ぐらいではすみますまい。もっと大勢の者が王様に讒言《ざんげん》しに来るでしょう」

龐葱は、王に釘をさして出発する。しかし帰って来ると、心配した通り、王は人々の悪口を信じて龐葱を近づけなくなってしまったという。一人だけなら虎も笑い話ですむが、三人が口を揃えれば、嘘の虎も真実となって人を嚙み殺す。げに人の口とは恐ろしいものである。

待遇とやる気は比例する

4 士《し》は己《おのれ》を知《し》る者《もの》の為《た》めに死《し》し、女《おんな》は己《おのれ》を説《よろこ》ぶ者《もの》の為《た》めに容《かたち》づくる

《士為知己者死、女為説己者容》

男は自分の価値を認めてくれる者のためには命を投げ出す、女は、自分を愛してくれる人のために容色をととのえる、といった意味だ。

晋《しん》の国にいた予譲《よじょう》は、主君に恵まれず何度か仕える相手を替えてきた。そして、最後に仕えた主君も、武運つたなく政敵に殺されてしまう。予譲は主君の仇を討とうと、殺した相手を執念深くつけ狙うが、逆に捕らわれの身となってしまう。

命を狙われていた相手は、捕らえた予譲に「お前はいままで何人か仕える相手を替えてきたが、なぜ以前の主君たちの怨みを晴らそうとせず、あんなつまらない奴のために仇を討とうとするのか」と訊く。

すると予譲は、「先に仕えた主君たちは、並みの待遇で私を遇した。だから、私も人並みの報い方で報いた。しかし最後に仕えた主君は、つまらない人物だったかもしれないが、私を国士として遇してくれた。そこで私も、国士として報いるのだ」と答えたという。

相手のやる気を引き出すには、まず、相手を認めてやることが前提になるのだ。

許しても忘れない

5 前事《ぜんじ》忘《わす》れざるは、後事《こうじ》の師《し》

《前事之不忘、後事之師》

日中国交回復の交渉で北京を訪れた田中元首相は、時の首相、周恩来からこの言葉を贈られている。過去のことを肝に銘じておけば、現代を生き、将来を展望するうえで大いに参考になるという意味である。

周恩来首相は、「日中戦争という不幸な事態を決して忘れることなく、同じ過ちを二度とくり返してくれるな」といいたかったにちがいない。

映画『戦場にかける橋』で有名なタイの泰緬《たいめん》鉄道には、「許そう、しかし忘れまい」と書かれた碑が立っているという。過去に対するこのようなこだわりが、日本を懸念する声となってアジア各国から聞こえてくるのは、やむをえないところかもしれない。なかには、こうした反応に対して執念深いなどと思う人がいるかもしれないが、そう思うのは、むしろ過去に対して淡白すぎるからである。

たしかに日本には、「水に流す」という言葉があって、それが一種の美風のようになっている。しかし、大事なことまで忘れ去ったのでは、まわりから健忘症と批判されてもいたし方ない。

過去の失敗を教訓として学ばない者は、往々にして同じ過ちをくり返すものだ。

「まさか」を招く「たかが」ひと言

6 怨《うら》みは深浅《しんせん》を期《き》せず、其《そ》れ心《こころ》を傷《そこな》うに於《お》いてす

《怨不期深浅、其於傷心》

戦国時代のこと、中山《ちゅうざん》という小国があった。あるときこの国の王が、酒宴を張って国中の名士を招待した。そのなかには、司馬子期《しばしき》という男も招かれていたが、たまたま羊のスープが足りなくなって、彼のところまで回って来なかった。司馬子期は激怒して大国の楚《そ》に走り、楚王をけしかけて中山を攻撃させた。

国を追われた中山の王は、「怨みは深浅を期せず、それ心を傷うに於いてす。吾、一杯の羊羹《ようこう》を以って国を失う」と、しみじみ述懐したという。

人間は、少々のお金を失ったぐらいでは、そうそう逆上するものではない。しかし、プライドを傷つけられると、どんな行動に走るかわからない。

お金の損害などいくらでも償うことができるが、傷ついた心はそう簡単に修復することはできない。ときには、こちらの身が滅ぼされるほどの怨みを買ってしまうこともある。

こちらはその気がなくても、たったひと言で相手を傷つけ、生涯の敵をつくってしまうこともある。だから人間関係は難しい、といえばそれまでだが、たかが一杯のスープでも国を失うことがあることは知っておいたほうがいい。

7 愚者《ぐしゃ》は成事《せいじ》に闇《くら》く、智者《ちしゃ》は未萌《みほう》に見《み》る

《愚者闇於成事、智者見於未萌》

「成事に闇い」というのは、物事が具体的な形になって現われてきているのに、まだそれに気がつかないということ。なるほど、これでは愚者といわれてもやむをえない。「未萌」とは、まだ物事が形になって現われてくる前の段階。その段階のうちに、あらかじめこれからの動きを察知して、適切な対策を立てるのが「智者」なのだという。

たとえば昨今の円高問題にしても、その日その日の値動きに一喜一憂しているだけでは、結局、対策は後手にまわる一方である。厳しいいい方をするようだが、いやしくも智者なら、すでにこういう事態を予想して、そのための対策を用意しておかなければならない。そうでないと、智者の名が泣こうというものだ。

そういう意味で、「智」は厳しい現実を生き抜くためには欠くことのできない条件であるが、実をいうとそれだけではまだ十分ではない。さらにその上に、「智」によって形成された判断を断固実行に移す「勇」、すなわち決断力が求められるのである。

この二つを兼ね備えた人間は、勝ち残る可能性がさらに高くなる。

「牛後」もまたよし

8 寧《むし》ろ鶏口《けいこう》と為《な》るも、牛後《ぎゅうご》と為《な》るなかれ

《寧為鶏口、無為牛後》

戦国時代の外交戦略を、「合従連衡《がっしょうれんこう》」といった。当時、もっとも大きな勢力をもっていた秦《しん》を封じこめるため、それ以外の比較的小さな六つの国が連合して秦に対抗しようとしたのが、「合従」である。

この合従を推進したのが、蘇秦《そしん》である。蘇秦は六カ国を同盟させて秦に対抗させようと、各国を説得してまわった。そのときの切り札として使った言葉が、「むしろ鶏口となるも、牛後となるなかれ」である。すなわち、秦の尻尾にくっついていくような生き方は恥ずかしい、小さくてもいいから大将でいようではないか、属国にはなるなと、各国の王を説得してまわったのである。

その意気やよし、といいたいところだが、現代では一概にそうとはいいきれない面もある。鶏口で行くか牛後として生きるかは、自分の能力や適性とにらみ合わせて判断しなければならない。

鶏口になる才覚があって、そう生きようというのならそれもよし。その才覚がないと思うなら、やはり組織のなかで責任をきちんと果たしていくのもまたよし、といえるだろう。

人は「肩書」で人をはかる

9 貧窮《ひんきゅう》なれば則《すなわ》ち父《ふ》母《ぼ》も子《こ》とせず

《貧窮則父母不子》

説客の蘇秦にも、長い苦節の時代があった。

いっこうに芽が出ないまま、食いつめて故郷に帰ったときのこと。父母は口もきいてくれないし、兄嫁は飯の支度もしてくれない。妻からもバカにされる始末だった。ところが、のちに出世して里帰りしたところ、両親は三十里先まで出迎え、兄嫁は這いつくばって昔のことをあやまった。

「姉上、昔はあんなに威張っていたのに、いったいどうしたのですか」

「あなたが出世してお金持ちになったからですわ」

聞いて蘇秦はこう嘆息した。

「ああ、貧窮なれば則ち父母も子とせず。富貴《ふうき》なれば則ち親戚《しんせき》も畏懼《いく》す」

貧乏だと両親までが知らぬ顔、出世すれば親戚までが恐れ入る、というのだ。

そして蘇秦はこうつけ加えたという。「この世に生まれたからには、地位や金銭もあだやおろそかにはできないものだなあ」。

これが二千三百年も前に生きた男の感慨である。現代の私どもの嘆きと共通するものがあるではないか。

転ばぬ先の“三つの杖”

10 狡兎《こうと》は三窟《さんくつ》あり

《狡兎有三窟》

文字通り、賢い兎《うさぎ》は穴を三つもっているというのである。一つの穴がつぶされても、まだ二つ残っている。二つつぶされても、まだ一つ残っている。そうやって生き残りをはかるのが、賢い兎の生き方なのだという。その点、馬鹿な兎は穴を一つしかもたないから、それがつぶされたら一巻の終わりだ。

これもまた、厳しい現実を生きてきた中国人の生き残りの智恵といえよう。

財産管理でも、三分割法ということがよくいわれる。資産を不動産、預金、株券などに分割してリスクを分散するのだが、これもこの狡兎三窟の発想である。

これを経営に当てはめれば、収益の上がってくる柱を三本ぐらいはもっていたほうが安全だということになる。一本柱だと、ちょっとしたことですぐにグラついてしまう。二本柱でもまだ不安定だ。三本柱となって、どうやら経営が安定するということである。

人間についても同じことがいえるのではないだろうか。仕事だけの会社人間になったのでは、先行きが不安である。いまのうちから、仕事と家庭と趣味の三窟ぐらいは掘っておいたほうがよいかもしれない。

人材は人材のいる所に集まる

11 誠《まこと》に士《し》を致《いた》さんと欲《ほっ》せば、先《ま》ず隗《かい》より始《はじ》めよ

《誠欲致士、先従隗始》

燕《えん》の昭王《しょうおう》は、優れた人材の登用をはかるため、在野の長老、郭隗《かくかい》に意見を求めた。すると郭隗は、次のような例を引いて答えた。

「昔、ある王が、千金を投じて千里の馬を求めました。おつきの人間が千里の馬の居所を聞き出して行ってみると、馬はすでに死んでいました。男は馬の骨を五百金で買い取り、帰って王に報告したところ、王は、欲しいのは生きている馬だと立腹されました。すると男は答えました。

『死んだ馬さえ五百金で買ったのです。生きた馬ならもっといい値で買ってくれると、きっと評判になります。馬はすぐにも集まって参ります』

果たして、一年もたたぬうちに、三頭も集まって来ました。あなたも本気で人材を招こうとするなら、まず私、この隗からお始めください。私のような者でも大切にされるとなれば、私より優れた人物はなおさらのこと、千里の道も遠しとせずやって参りましょう」

「人材がいない」とぼやくトップは多い。しかし、泣き言をいう前に、社内にいる隠れた人材の発掘に力を入れることが先決なのである。

最終段階では他人の意見を求めるな

12 大功《たいこう》を成《な》すものは、衆《しゅう》に謀《はか》らず

《成大功者、不謀於衆》

智恵のない者が、ワイワイ意見を出し合ったところで、いつまでたっても結論が得られない。表題の言葉は、そういったマイナスを戒めた言葉である。つまり、大きな成功を勝ち取る者は、自分で決断を下すということだ。

しかし、これは必ずしも「独断専行」ということではない。組織の安定をはかり、活性化させていくためには、部下やまわりの意見を十分に聞く必要がある。組織のタテ、ヨコの流れを悪くすると、最終的には「動脈硬化」を起こして、組織自体を破滅に導く。聞くべき意見は大いに聞かなければならない。

しかし、聞くべきは聞いたら、あとは自分で決断しなければならない。どんなに苦しくても辛くても、決断はあくまで自分の責任においてする。

その段階で他の意見を求めるようでは話にならないし、それができないようではリーダーとはいえない。

混迷の時代を生き抜くためには、リーダーは孤独な決断を迫られる。そのよしあしが最終的な成功に結びつくのである。

軍備は「両刃の剣」

13 兵《へい》は固《もと》より天下《てんか》の狂器《きょうき》なり

《兵固天下之狂器也》

軍備はなまじもっていると増やしたくなるし、使いたくなるもの。そのあげく敵をあやめるばかりか、自分まで傷つけてしまう。では必要ないのかといえば、そうではない。自分の身を守るためにはなくてはならないものである。「兵は狂器」という言葉は、多少いい回しや表現は違うものの、他の古典にもしばしば出てくる。これもその一つで、軍備は必要悪だという思想にほかならない。

ある説客が趙の国王に向かってこの言葉を口にし、「しかしながら」と、こう語りかけた。

「ここに数えきれない大金を身につけて、ひとりで野宿した男がいるとします。この男に昔の勇士のような勇気がないばかりか、身を守る弓矢もなかったとしたらどうでしょう。たちまち盗賊に襲われるにちがいありません。同様に、いま、隣が貪欲な強国で、あなたに領土の分割を要求してきたとします。こんなとき、軍備がなかったら侵略を防ぐことはできるでしょうか。たぶん、隣国のいいなりになるほかありますまい」

趙王も「なるほど」とうなずいたといわれる。

相手の兵を引かせた「蛇足」

14 蛇足《だそく》をなす者《もの》、終《つい》にその酒《さけ》を亡《うしな》えり

《為蛇足者、終亡其酒》

楚《そ》の将軍の昭陽《しょうよう》が魏の八城を攻略、その勢いをかって斉《せい》に矛先を向けてきた。そのとき斉王の依頼を受けた陳軫《ちんしん》という説客が、昭陽の説得に当たった。陳軫は、まずこんな譬え話を引く。

「ある家で祝いごとがあり、奉公人に大盃一杯の酒が振る舞われました。ひとりで飲むと十分ですが、みんなで飲むと足りません。そこで、地面に蛇の絵を描き、先に描き終えた者が飲むことに相談がまとまりました。ところが最初に描き終わった男は、大盃を引き寄せて『どうだい、足まで描けるぞ』といってなおも描き続けます。すると、次に描き終わった男が盃を奪い、『蛇に足はない。足まで描いたら蛇じゃないぞ』と叫びました。足まで描いた男はみすみす酒を飲み損なったということです」

そして陳軫はこう念を押した。

「あなたのしていることも、蛇足を描くようなものではありませんか」

昭陽はうなずいて兵を引いたという。

この話から「蛇足」という言葉が生まれたのである。

「得手」の効果は「努力」をしのぐ

15 猿《さる》も木《き》を錯《す》てて水《みず》に拠《よ》らば、則《すなわ》ち魚鼈《ぎよべつ》に若《し》かず

《猿錯木拠水、則不若魚鼈》

木登りの上手な猿も、木からおりて水に入ると魚にはかなわない、ということだ。斉《せい》の宰相をつとめた孟嘗君《もうしょうくん》が自分の気に入らない部下を追放しようとしたとき、魯連《ろれん》という人物がこの言葉を引いて諫めている。

「猿も、木からおりて水に入ると魚にはかなわない。このように、得手なことをさせないで不得手なことをさせれば、聖人の尭《ぎょう》ですら手におえぬことがある。使った相手が無能だと、不肖者だからといって追放する。教えた相手が憶えが悪いと、愚か者だからといってやめさせる。これは世間一般の愚人のやること。いや、むしろそれに輪をかけたやり方ではないか」

こういわれて、孟嘗君は追放するのを思いとどまったという。リストラばやりの昨今、なんとも身につまされるような話ではないか。

人間には、誰しも得手、不得手がある。得手なことをさせれば本人もやる気になるし、それだけ成果も上がる。逆に、不得手なことをさせれば、一生懸命やってもその割りに成果は上がらない。ところが世の中には、いまでも平気でそんなことをやらせている人がいるのは、何としたことか。

第十一章

史記

動乱期を生き抜いた多彩な個性の生き方

屈辱と怨念がつかんだ人間の真価
――人物から歴史を読む、その視点の魅力

中国人は記録マニアだといわれるくらい、歴史の記録に異常な執念を燃やしてきた民族である。その結果、膨大な記録が残されているが、それらの中核を成しているのが、「正史」と呼ばれる歴史書だ。『史記』から始まって『明史』まで、普通「二十四史」とも「二十五史」とも呼ばれるこれらの正史は、記録を重んじた漢民族の大きなモニュメントだといってよい。

「正史」の筆頭に位置するのが、漢代の史家、司馬遷《しばせん》によってまとめられた『史記』である。

一般的に歴史書の記述は、時代を追って年代順に記録する編年体によることが多い。ところが司馬遷は、『史記』をまとめるに当たって、それとは異なる「紀伝体」と呼ばれる独特のスタイルを考え出した。

のちの「正史」に踏襲されることになるこのスタイルは、まず「本紀」において歴代皇帝の事蹟を記録し、さらに「列伝」を立てて、当代に活躍した主な人物の活動をまとめるという形をとっている。

「紀伝体」の特色は、歴史世界を立体的に構成しうる点にあるが、『史記』はその先例を開いた記念すべき労作である。

しかし、こういっただけでは、『史記』の面白さの半分も伝えたことにはならない。なぜなら『史記』の面白さは、これをまとめた司馬遷という歴史家の個性に負うている面が多いからだ。

司馬遷は、「太史令」といって、朝廷の天文や記録を司る家に生まれた。父親の代から歴史書の記述に取りかかっていたが、その完成は息子の司馬遷の手に託される。ところがそこで思いもよらぬ事件が起こる。敗軍の将を弁護したことによって皇帝の怒りを買い、宮刑《きゅうけい》に処されることになったのだ。宮刑とは、男のシンボルを切り取る刑罰である。士人にとって、これ以上の辱めはない。

しかし司馬遷は、恥辱に耐えて生き残った。思いはただひとつ、父親から託された歴史書の完成である。

こういう経緯でまとめられたのが『史記』だった。したがってそこには、作者の怨念がこめられている。人間に対する鋭い洞察の眼が光っており、人間の運命に対する共感と慟哭がある。そこからいろいろな個性の生き方を学ぶことができるであろう。そういう意味では、歴史というより、ほとんど文学といってよいかもしれない。

自己ＰＲが必要なとき

1 賢士《けんし》の世《よ》に処《お》るは譬《たと》えば錐《きり》の嚢中《のうちゅう》に処《お》るが若《ごと》し

《賢士処世也譬若錐之処於嚢中》

趙《ちょう》の平原君《へいげんくん》という宰相が、主君の命を受けて、楚の国に使節として赴いたときのことである。平原君は自分の食客のなかから、これぞと思う人物を二十人選んで使節団を編成しようとした。すると毛遂《もうすい》という男が名乗り出た。しかし趙の宰相ともなると、抱えている食客も数多い。平原君はこの毛遂という人物には見覚えがなかった。「貴公はここに来られて何年になる」。「三年でございます」。

「有能な人材は、譬えてみれば袋のなかに置かれた錐のようなものだ。すぐにでも切っ先を現わすだろう。貴公の名など、一度も耳にしたことがない。とうてい頼りになるとは思われない」

しかし、毛遂も引き下がらない。「それなら、嚢中とやらに私を入れてみてください。そうすれば、たちまち切っ先を現わして見せます」と食い下がり、とうとう使節団の一行に加えてもらった。そして外交交渉の場ですばらしい功績をあげ、平原君を唸らせたという。

能力のある人間は、放っておいてもいずれは頭角を現わすものだが、チャンスと見たら、積極的に自分を売りこむことも、ときには必要ではなかろうか。

成功は決意に宿る

2 断《だん》じて敢行《かんこう》すれば、鬼神《きじん》もこれを避《さ》く

《断而敢行、鬼神避之》

秦の始皇帝が急死したときのことである。本来なら、始皇帝の遺言に従い、長男の扶蘇《ふそ》が次期皇帝となるはずだったが、宦官の趙高は、扶蘇を殺してその弟の胡亥《こがい》を立てようと考えた。扱いにくい扶蘇よりは、凡庸な胡亥を擁立し、それを意のままに操縦して実権を握ろうというのである。

しかし胡亥は小心で、扶蘇を殺して皇帝となれという趙高の誘いになかなか乗ろうとしない。趙高が、渋る胡亥におどしをかけたのが、この言葉である。「小を顧《かえり》みて大を忘るれば、後《のち》必ず害あり。狐疑猶予《こぎゆうよ》すれば、後必ず悔《くい》あり。断じて敢行すれば、鬼神もこれを避け、後成功あり。願わくは子《し》これを遂げよ」

何かを行なおうとする場合には、小さなことにこだわったり、細かなことを心配したりしてぐずぐずとためらっていたのでは、あとで必ず後悔する羽目になる。断固たる決意の前には、鬼神も敵ではない。必ず成功するというのである。

たしかに、行動を起こす前は慎重さと周到な準備も必要だが、何よりも望まれるのは断固たる意志、「やるぞ」という意気ごみである。もっとも、それは心のなかにしまって外に出さないのが、現代流の処世法なのかもしれないが。

「人望」の求心力

3 桃李《とうり》言《ものい》わずして下自《したおのずか》ら蹊《みち》を成《な》す

《桃李不言下自成蹊》

漢の時代に李広《りこう》という将軍がいた。「漢の飛将軍《ひしょうぐん》」と恐れられた豪胆な軍人だったが、普段は無口で朴訥《ぼくとつ》な人柄だった。

私欲のない人で、恩賞の類いはことごとく部下に分けてやった。食糧も、部下に行き渡るまでは先に口をつけることがなかったし、行軍中に泉に辿りついても、部下が飲み終わるまでは決して飲もうとしなかったという。そのため李広の部下は全員、彼のためには死をも厭《いと》わぬ決意で戦いに臨んだという。

ここに掲げたのは、その李広を評した言葉である。桃や李《すもも》の樹は何もいわないが、美しい花を咲かせ、果実を実らせる。だから自然に人々が集まってきて道ができる。つまり、徳のある人物の下には、黙っていても人が慕い寄ってくるというのだ。東京の成蹊大学の「成蹊」は、ここから取ったといえば、なるほどと思う読者も多いだろう。

いくら能力があっても、人望のない人間にはリーダーの資格がない。人望がなかったら、まわりに人が集まって来なくなる。そうなると、当然、必要な情報も入ってこない。そういうマイナスが大きいからである。

一喜一憂は下の下

4 一貴《いっき》一賤《いっせん》、交情《こうじょう》すなわち見《あら》わる

《一貴一賤、交情乃見》

漢の翟公《てきこう》が、いまでいう検事総長という高い官職につくと、彼の屋敷は連日、訪問客でにぎわった。ところが、役職から解任されたとたんに訪れる人はまれになり、屋敷はすっかりさびしくなってしまう。やがて翟公が同じポストに返り咲くと、人々は、ふたたび彼の屋敷に押しかけそうな気配を見せた。すると翟公は、屋敷の門に次のような文句を書いてはり出したという。

一死一生《いっしいっしょう》、すなわち交情を知る
一貧一富《いっぴんいっぷ》、すなわち交態《こうたい》を知る
一貴一賤、交情すなわち見わる

偉くなったり金持ちになったりすれば人が集まり、貧乏になったり左遷されたりすると人は去る。それを薄情だと恨んでもいたしかたない。人のつき合いというのはそんなものさ、というのである。こうした事情は、現代でもまったく同じだろう。それがわかっていれば、高いポストに抜擢されたからといって得意になることもないし、左遷されたからといって卑屈になることもない。

人生の浮き沈みに合わせて一喜一憂していたのでは、精神衛生にもよくない。

真価を見抜く眼力

5 奇貨居《きかお》くべし

《奇貨可居》

秦《しん》の始皇帝がまだ王のころ、その宰相として権勢を振るった人物に呂不韋《りよふい》がいる。この呂不韋はもともと商人だったが、彼が宰相になったのには、こんないきさつがある。たまたま趙《ちよう》の都の邯鄲《かんたん》に出かけたとき、秦の王子、子楚《しそ》に出会う。子楚は妾腹《しょうふく》であったため、冷遇されて人質に出されていた。人質であるから、当然、暮らしぶりも楽ではない。この子楚の境遇を聞いて呂不韋のもらした言葉が、「奇貨居くべし」であった。呂不韋は全財産をかけて子楚の擁立をはかり、成功する。この子楚の子こそ、のちに中国全土を統一した秦の始皇帝であった。

「奇貨」というのは珍しい品物。「奇貨居くべし」というのは、「掘り出しものだ。仕入れておこう」というほどの意味である。

この場合注目したいのは、子楚を奇貨と認めた呂不韋の眼力だ。せっかくの奇貨も、それを見抜く目がなければ見逃してしまう。

プロ野球のスカウトにとって一番の名誉は、甲子園のスターではなく、地方に埋もれた逸材を探しだすことだという。現代のビジネスでも、「奇貨」の発掘が生き残りの道につながっていくのかもしれない。

組織にどっぷりつかるな

6 管《くだ》を以《も》って天《てん》を窺《うかが》う

《以管窺天》

「井の中の蛙」という言葉があるが、これも同様に、視野の狭さを笑ったものだ。扁鵲《へんじゃく》という名医が、虢《かく》という国に行ったときのことだ。国に到着すると、いましがた太子が亡くなったという。御典医《ごてんい》に会ってくわしく様子を聞いた扁鵲は、これこれの処方をすると生き返らせることができると、相手に教えてやった。ところがその御典医は、扁鵲のいうことを信用しない。このときいったのが、この言葉である。

「子《し》の方《ほう》をなすや、管を以って天を窺い、郄《げき》を以って文《ぶん》を視《み》るが若《ごと》し」

あなたの処方は、管から天を覗き、狭い隙間から模様を見るようなものだというのである。結局、王からのたっての願いで、扁鵲は鍼《はり》を打って太子を生き返らせ、二十日ほどでもとの健康体に戻してやったという。

私たちの視野が狭くなるのは、たいてい自分が属する組織のなかに埋没しているからだ。どんな組織でもそれにどっぷりつかっていると、どうしても視野が狭くなってしまう。そうならないためには、普段から別の組織や異業種の人間と積極的につき合う必要がある。

悪口はマイナスしか生まない

7 君子《くんし》は交《まじ》わり絶《た》つも悪声《あくせい》を出《い》ださず

《君子交絶不出悪声》

世の中には、親しくつき合っているうちはいいが、いったん不仲になると、とたんに相手の悪口をいい出す人がいる。しかし、君子というものは、どんな理由にせよ、たとえ交際が跡絶えても、相手の悪口はいわないものだというのである。

中国人は一般に、相手がたしかに信用できる人間だと見極めるまでは心を開かない。しかし、いったん心を開くと、最後まで信頼する。かりに、相手の背信行為などで交際を絶つようなことになっても、決して相手の悪口はいわない。

それはまず第一に、絶交した相手の悪口をいうのは、自分に人間を見る目がなかったことを自ら吹聴していることになるし、第二に、悪口はいつか相手の耳に入り、いつどこで怨みを晴らされるかわからないからだ。

この点、私たち日本人は少々甘すぎるようだ。ちょっと一緒にお酒を飲んだくらいですぐに腹の内をさらけ出し、意気投合する。そして、少しでも面白くないことがあると、たちまち相手の悪口をいい出す。

これではまるで子どもと変わりない。「悪声」は、マイナス以外には何も生み出さないことを知っておいたほうがいい。

枝葉末節にかまうな

8 大行《たいこう》は細謹《さいきん》を顧《かえり》みず、大礼《たいれい》は小譲《しょうじょう》を辞《じ》せず

《大行不顧細謹、大礼不辞小譲》

劉邦《りゅうほう》が秦の都、咸陽《かんよう》に入城したときのことである。入城に遅れをとった項羽《こうう》は、劉邦に怒りを爆発させ、全軍に総攻撃の準備を命ずる。それを知った劉邦は、項羽が陣を張った鴻門《こうもん》に自らおもむいて謝罪する。なにしろ項羽の軍勢は四十万、それに対する劉邦は、わずか十万。しかも、項羽の軍は精強をもってなる軍団である。戦いになってはとうてい勝ち目はない。

会見の席上、項羽の参謀の范増《はんぞう》は劉邦の命を奪おうとするが、項羽にとどめられ、ひとまずその場はおさまった。そして酒宴のさなか、劉邦は手洗いに立つが、ふと、そのまま帰陣しようと思う。が、項羽に暇乞いをしてこなかったのが気にかかる。そのとき、随行してきた樊噲《はんかい》がこの言葉をいい、「いまのわれわれは俎《そ》上《じょう》の魚も同然です。命が危ないというのに、挨拶など必要ありません」と決断をうながし、劉邦を脱出させた。これが史上有名な「鴻門の会」である。

枝葉末節にこだわっていると、根本がおろそかになる。原則さえしっかり守っていれば、細かなことは気にしなくていい、というのである。

大事のときには枝葉末節にはかまわず、さっと断行する必要がある。

才能は"無駄遣い"しやすい

9 良賈《りようこ》は深《ふか》く蔵《ぞう》して虚《むな》しきが若《ごと》し

《良賈深蔵若虚》

孔子が若いころ、老子を訪ねて教えを受けたことがある。そのとき老子は、「良賈は深く蔵して虚しきが若《ごと》く、君子は盛徳《せいとく》ありて容貌愚《おろか》なるが若し」といったという。すなわち、賢い商人はよい商品をもっていても、蔵の奥深くにしまって品物などないふりをする。君子は徳があっても、表には出さないで愚鈍なふりをしているものだというのである。

そして、「そなたは自分の能力をひけらかし、欲望ややる気を表に出しすぎる。そんなことは無益なことだ。やめるがよい」と、孔子をたしなめたという。

昔の中国の商店では、あまり高級な品は店先に並べないで蔵にしまっておく。そしてやって来る客を見分けて、金もあり、品物のよしあしもわかる上客の場合にだけ、「いい品物は奥のほうにございます」と案内するようなやり方だった。

やたらによい商品を店先に出しておくと、盗賊に狙われる。これは商品だけにかぎらない。人間にしても同じこと、いくら能力があるからといって、これみよがしにひけらかすと、必ず他人の反発を買って足を引っぱられる。能力というものは、一見なさそうだが実はもっている、というのが望ましい。

位を捨てて身を守る

10 久《ひさ》しく尊名《そんめい》を受《う》くるは不祥《ふしょう》なり

《久受尊名不祥》

范蠡《はんれい》は、越《えつ》王、勾践《こうせん》をもりたてて、ついに呉《ご》王、夫差《ふさ》への復讐を遂げさせた忠臣である。しかし范蠡は、呉を打倒するという目的を達すると大将軍の地位を捨て、いさぎよく越王のもとを去った。そして斉《せい》に移住した彼は、今度は事業家として成功する。斉王はその手腕を買って、宰相就任を懇請する。そのとき彼がいったのがこの言葉、すなわち「栄誉が長く続くのは禍のもとだ」である。懇請を断わった彼は、別の土地に移住して、ふたたび巨万の富を築いた。

高い地位について周囲の評判もいい、というのは誰しも望むところである。だが、そのように上りつめてしまうと、もう上がらない。あとは転落するだけだ。范蠡はそれを知っていたから、さっと身を引いたのだった。

「明哲保身」という言葉がある。保身というと現代ではあまりいい意味には使われないが、もともとは「身を保つ」ということで、悪い意味ではない。乱世をしぶとく生き残ることが「保身」なのである。それを可能にするのは何かといえば、「明哲」、すなわち深い洞察力なのだという。范蠡こそ、まさしくそういう人物であったといえよう。

夢を語る前にすべきこと

11 燕雀《えんじゃく》 安《いずく》んぞ鴻鵠《こうこく》の志《こころざし》を 知《し》らんや

《燕雀安知鴻鵠之志哉》

始皇帝の亡きあと、秦の圧政に対して真っ先に反乱を起こした人物に、陳勝《ちんしょう》がいる。彼は若いころ、雇われ農夫として畑を耕していたが、ある日、仕事の合間にふと独り言をもらした。「どんなに偉くなっても、仲間のことは忘れないようにしなくては」。

それを聞いていた男が、雇われ者のくせに大きな口をたたくな、とせせら笑ったところ、陳勝がいったのがこの言葉である。「燕《つばめ》や雀《すずめ》の類いに、鴻鵠（色白く鶴に似た大きな鳥）の考えていることがわかってたまるか」というのである。

その意気やよし。だが、大きな志を抱いている人間はときとして、そうでない人間をバカにする傾向がある。ビジネスマンの世界でも、そういうタイプの者を見かける。「おれがサラリーマンをやっているのは仮の姿で、本当はもっと高尚なことを考えているんだ」などとひけらかす。それをやったのでは組織のなかで孤立してしまう。本当に大望を実現させようと願っている人間は、静かに、しかも着々と手を打っているものだ。そうした戦略・戦術のない人間にかぎって大言壮語のおおぼらを吹く、といってはいいすぎだろうか。

愚者の「賢案」

12 智《ち》者《しゃ》も千《せん》慮《りよ》に必《かなら》ず一《いっ》失《しつ》あり、愚《ぐ》者《しゃ》も千《せん》慮《りよ》に必《かなら》ず一《いっ》得《とく》あり

《智者千慮必有一失、愚者千慮必有一得》

劉邦に仕えた韓信《かんしん》が趙《ちょう》の軍を滅ぼしたとき、敵の参謀の李左車《りさしゃ》を軍師に迎え、作戦計画について意見を求めたことがあった。そのとき李左車は、まずこの言葉を引いてから、自分の意見を述べている。

この言葉は、もともと諺のように使われていたらしい。「智者といえど、千回に一回は失敗があるから完璧とはいえない。愚者といえど、千回に一回は上手くやることがあるからまんざらバカにしたものでもない」といった意味である。

この言葉で注意すべきは、前半の「智者の一失」ではなく、「愚者の一得」に注意を喚起する点にあったようだ。どんな人のいった意見でも耳を傾けて損はない、ということである。

どんな人の意見にも、聞くべき点がある。相手が平凡な人間だからといって、その意見を頭からダメだと決めつけていては、自他ともにマイナスである。李左車がこの言葉を引いたのは、「愚者にも一得ということがありますよ」と謙遜の気持ちをこめてのことであった。

13 千金《せんきん》の子《こ》は市《いち》に死《し》せず

《千金之子不死於市》

昔、中国では死刑を執行するとき、それを「市」(市場)で行ない、公衆への見せしめとした。しかし、「千金の子」(金持ちの息子)は、たとえ罪を犯してもそういう羽目にはならないのだという。これには二つの解釈がある。

一つは、罪を犯して死刑の宣告を受けるような事態になっても、大金をもつ親が裏から手を回して救出してくれるからである。現在の保釈金制度と似たような話ではあるが、昔の中国ではこういうケースが非常に多かった。

もう一つは、金持ちの息子はいずれ親の財産を受け継ぐ立場にいる、したがって、おのずから愚かな行動は慎むものだ、という解釈である。

現代流に解釈すれば、二番目のほうは、経済的な余裕があれば精神的な余裕も生まれるといったことになろう。一生遊んで暮らしても楽に食っていけるくらいの余裕があれば、窮地に陥ってもジタバタすることはなくなる。したがって、悪に手を染めることもなくなるにちがいない。

「千金」とはいわないまでも、できたら私たちも数年ぐらいの余裕をもって暮らしたいところである。そうすれば、身を誤ることも少なくなるかもしれない。

巨悪ほどよく眠る

14 鉤《こう》を窃《ぬす》む者《もの》は誅《ちゅう》せられ、国《くに》を窃《ぬす》む者《もの》は侯《こう》たり

《窃鉤者誅、窃国者侯》

政、財、官界の贈収賄事件がしばしば新聞やテレビをにぎわせてきた。だが、槍玉にあげられるのは決まって小物ばかり。たまたま大物らしき相手に捜査の手が及ぶことがあっても、何だかんだと、結局はうやむやに処理されてしまう。

昔、『悪いやつほどよく眠る』という映画があったように記憶しているが、この社会にはそういう一面のあることは否定できないように思われる。

これはなにも現代だけの現象ではなく、三千年の昔からそうであったらしい。ここに取り上げたのは、『史記』の作者、司馬遷の言葉であるが、このくだりをもう少し長く引用すると、彼はこういって嘆いている。

「俗人は、仁とか義とかはどうでもよい、わしらの得になる人が有徳者なのだという。だから、大盗賊の盗跖《とうせき》が乱暴狼藉のかぎりを尽くしても、その手下からは義人として誉めたたえられるのである。つまり、鉤《こう》（帯金）を盗んだ者は極刑に処せられ、国を盗んだ者は諸侯となる。諸侯になれば、仁も義も自然についてくるということだ。これが虚言だと誰がいいきれよう」

司馬遷の嘆きは、現代の私どもの嘆きでもある。

まわりの支持はこの徳にあり

15 国《くに》の宝《たから》は徳《とく》に在《あ》りて険《けん》に在《あ》らず

《国之宝在徳不在険》

『孫子』と並んで広く知られているのが『呉子《ごし》』という兵法書である。その『呉子』の作者の呉起《ごき》という将軍が、魏《ぎ》の国に仕えて西河《せいが》を守り、よく人心を得て秦の侵入を防いでいたときのことである。

たまたま視察に来た魏の武侯が、舟で河を下りながら、

「何とすばらしいことよ。この険阻の山河こそわが国の宝だ」

と語りかけたところ、呉起はこう答えたという。

「国の宝は君主の徳にあるのであって、険阻な地形にあるのではありません。古来、険阻な地形をたのみながら滅亡した君主は数えきれません。もし君主が徳を修めなければ、この舟のなかの者もみな敵となってしまいますぞ」

ここで呉起のいっている「徳」とは、国内では国民の支持を取りつけ、外に対しては周辺諸国の信頼を勝ち取る、そういう政治を指しているものと思われる。

国だけではなく、個人についても同じことがいえるであろう。地位や財産を鼻にかける暇があったら、まず自分の徳を磨けというのである。それがまわりの支持を勝ち取るゆえんなのだという。

第十二章

三国志

◎虚々実々の駆け引きを読む◎

偉人、聖人、悪人、凡人の交錯記録
――人物を楽しみ、その策に学ぶ

中国の歴史のなかで、日本の読者に一番なじみのあるのが、『三国志』の時代かもしれない。周知のように、いまから千八百年ほど前、魏・蜀・呉の三つの国がそれぞれの生き残りをかけて鎬《しのぎ》を削った時代である。

期間からいえば、わずか数十年のことにすぎないが、なにしろ動きの激しい時代であるから、それだけに興味もつきない。

そういう時代背景のなかで、三国の興亡をまとめたのが、『三国志』である。

しかし、ひと口に『三国志』といっても、大きく分けて、正史の『三国志』と小説の『三国志』との二つの系統がある。

まず、正史の『三国志』であるが、これは、晋代の歴史家、陳寿《ちんじゅ》のまとめたもので、『史記』『漢書《かんじょ》』『後漢書《ごかんじょ》』につぐ四番目の正史となっている。その特徴は、三つの国を比較的公平に取り扱い、事実を淡々と記述している点にある。

これに対し、明代の羅貫中《らかんちゅう》の著した『三国志演義』（演義とは物語とか小説といった意味）は、一応、正史に則《のっと》りながら随所にフィクションを取り入れて、話を面白くふくらましている点に特徴がある。

『三国志』にはこの二つの系統があるのだが、戦後の日本でこれらにもまして読まれてきたのが、吉川英治の『三国志』である。現代の五十代から上の読者が親しんだ『三国志』は、ほとんどこれであったといってよい。

しかし、近ごろはまた様変わりして、三十代前半から以後の若い世代は、もっぱら漫画の『三国志』ですましているようだ。ただし、この二つも小説の系統に属していることはいうまでもない。

では、正史と小説の違いはどこにあるのか。

いちばん大きな違いは、小説のほうは善玉と悪玉をはっきり色分けして書いてあることだ。それだけに面白く読めるが、これだけ読んでいると、事実とフィクションを混同する恐れがある。本当はどうなのか。事実を知ろうとするなら、正史にまで参入することが望まれる。

いずれにしても『三国志』を読んでいると、知らず知らずのうちに権謀術数とか政治の駆け引きに触れることができるので、複雑な現代社会を生き残っていくための知恵を、楽しみながら自然に身につけることができるであろう。そういう実践的な読み方ができるところに、『三国志』の魅力があるのかもしれない。

災いは“ボヤ”のうちに消せ

1 智《ち》は禍《わざわい》を免《まぬか》るるを貴《たっと》ぶ

《智貴免禍》

剣豪、塚原卜伝《ぼくでん》に次のようなエピソードがある。あるとき、乗合舟のなかで屈強な侍が町人に難クセをつけ、あわや斬り捨てようとした。卜伝が侍をとどめようとすると、今度は卜伝を斬ろうとする。やむなく船頭に命じ、川中の小島に舟を寄せさせた。陸に上がって勝負しようというのである。侍は勇んで小島に飛びおりた。すると卜伝は舟をおりず、すかさず船頭に命じて舟を沖へとこぎ出させたので、侍は小島に一人残された。卜伝は、刀を抜かずに勝ったのである。

刀を抜いて戦っても、おそらく卜伝のほうが勝っていたはずだ。だが、それでは乗り合いの人々に迷惑がかかる。そこを考えての処置であったにちがいない。「智」とは本来こうしたものかもしれない。智の重要な働きは禍を免れることにある。もつれた問題は、それだけ解決が難しくなる。問題が大きくなる前に、ボヤの段階で消しとめる。それが大切なのである。

譬えていえば、倒産会社を立て直すより、会社を倒産の危機に至らしめない経営をすることのほうが、より深い智であるといえる。本物の智には深い読みが求められるが、ありようとしてはきわめて地味なものかもしれない。

いまの具体策が出せる力

2 時務《じむ》を識《し》るは俊傑《しゅんけつ》に在《あ》り

《識時務者在乎俊傑》

蜀《しょく》を興した劉備《りゅうび》がまだ不遇の身であったとき、司馬徽《しばき》という人物にアドバイスを求めたところ、こういわれた。

「儒生俗士《じゅせいぞくし》、あに時務を識らんや。時務を識るは俊傑に在り」

いまがどういう時代なのかしっかりとつかみ、何をなすべきか知っているのが俊傑である——。そして司馬徽は、そうした俊傑として諸葛孔明《しょかつこうめい》と龐統《ほうとう》を紹介した。劉備は、この二人を軍師に迎えることで大きな飛躍を遂げていった。

現代は情報化社会であるといわれる。さまざまなメディアが発達し、そのメディアを介して、あふれんばかりの情報が飛びかっている。それだけに、新聞や雑誌をながめていれば、誰でも一般論としての現代は語れる。

しかし、ここでいう「時務」とは一般論ではない。また、いたずらに迂遠なことか、遠い先のことをいうのでもない。いま現在、何を具体的にどうするのか、それをきちんと出せることが「時務を識る」ということ。

時代の俊傑であるためには、具体論が出せるだけの洞察力と企画力、人より高感度のアンテナが必要なことは、いうまでもないことだ。

幸運の女神のうしろ髪

3 天《てん》の与《あた》うるを取《と》らざれば、悔《く》ゆとも追《お》うべからず

《天与不取、悔不可追》

西洋の諺に「幸運の女神にはうしろ髪がない」というのがある。幸運の女神は、やって来たそのときに前髪をつかまないと、通りすぎてからあわててつかもうとしても、つかめずに逃してしまうのだという。

洋の東西で同じことをいうのも面白いが、こちらは友人の孔融《こうゆう》が劉備に向かっていった言葉で「天が与えたものを受け取らないと、あとで後悔しても間に合わない、絶好のチャンスを逃すべきでない」という意味になる。

このとき劉備は、徐州の長官、陶謙《とうけん》の絶大な信頼を受け、彼の死後、その後任に推薦されていた。願ってもない出世のチャンスだったが、劉備は、自分はその器ではないと受けようとしない。そこで孔融がこの言葉を出して、劉備にその受諾を説得したのである。

長い人生には、どんな人にも何回かのチャンスが巡ってくる。その、天が与えてくれたチャンスを遠慮して逃してしまうようでは、大した仕事はできない。

運も実力のうち、といわれる。せっかくのチャンスを生かせるかどうかはやはり、日ごろ培っているその人の器量しだいなのである。

人を動かす二つの文字

4 これ賢《けん》これ徳《とく》、能《よ》く人《ひと》を服《ふく》す

《惟賢惟徳、能服於人》

劉備は死を前にして、わが子劉禅《りゆうぜん》に一通の遺書をしたためている。ここにあげた「賢と徳、この二字が人を動かす」というのは、その一節である。

「賢」とは聡明さ、「徳」とは人徳で、これがなければ人の上に立って人を動かすことはできない。徳というのは人間的魅力といい替えてもいい。その要素にはさまざまなものがあろうが、劉備が身につけていたそれは、寛容、謙虚、思いやり、それに相手に対する信頼であったといわれている。

実は先の遺書の続きには、「そなたの父は徳に欠けていた。この父にならってはならぬ」とある。自ら徳がなかったといっているわけだが、事実はむしろ逆である。劉備が蜀《しよく》に覇を唱えることができたのも、彼が備えていた徳のおかげであった。

劉備は、戦争は下手だし駆け引きも得手ではなかった。リーダーとしてはどちらかといえば無能、といってさしつかえない。ただし、謙虚、思いやり、信頼などの徳によって、諸葛孔明やその他の部下の頑張りを引き出し、よく「三国鼎立」の一角を形成することができたのである。

リーダー、粉骨砕身のとき

5 鞠躬《きっきゅう》尽力《じんりょく》、死《し》して後《のち》已《や》まん

《鞠躬尽力、死而後已》

先年、周恩来が死んだときに中国の人々が彼に贈った言葉が、この「鞠躬尽力」だったという。粉骨砕身して国家建設のために働いた周恩来を、最大限たたえ、悼む言葉である。

「鞠躬尽力」とは、上の者の命令を承って一生懸命に仕事をするという意味で、諸葛孔明が蜀の二代目劉禅にたてまつった『後出師表《のちのすいしのひょう》』の結びにある言葉である。いわば「身を粉にして働きます」という諸葛孔明の決意表明であった。

事実、孔明は立派だった。劉備亡きあと、小国、蜀の全権を委任され、宰相としてきり盛りしながら国力を整え、宿敵、魏《ぎ》に立ち向かった。それはひとえに、亡き劉備の信頼にこたえんがためだった。孔明はその精勤ぶりで国民や部下の厚い信頼を受けたばかりでなく、古今の名宰相として、広い支持を集めてきた。

リーダーが先頭に立って働けば、部下もその気になって頑張らざるをえない。そういう意味で、率先垂範もまたリーダーの重要な条件のひとつである。孔明は自らそれを実践して、国民や部下の一致団結を引き出すことに成功した。

現代のリーダーも孔明に学べ、といいたいところである。

「強引」は「心服」に及ばず

6 用兵《ようへい》の道《みち》は、心《こころ》を攻《せ》むるを上《じょう》となし、城《しろ》を攻《せ》むるを下《げ》となす

《用兵之道、攻心為上、攻城為下》

諸葛孔明が、南方異民族の反乱を平定しようと兵をあげたときのこと、参謀の馬謖《ばしょく》が意見を求められていった言葉がこれである。

つまり、実際に戦火を交えるより、相手を心服させて支持を勝ち取るほうが、はるかに戦略として勝っているというのだ。むろん、孔明も異存はない。敵の首領を捕らえるや、「もう一度出直してこい」といって釈放した。これを七回もくり返したところ、敵の首領はこういって頭を下げたという。

「あなたの威光は、天のように広いということがわかった。もう私たちは背きませぬ」

これがいわゆる七縦七禽《しょうきん》（七回捕らえながら、七回許す）といわれる故事だ。力で押さえこむだけでは人間は動かない。これは用兵の道だけではなく、たとえば管理職と部下との関係にもいえるのではないか。管理することはもちろん必要だが、それ以上に、部下が喜んで仕事をしてくれるような、そんな環境づくりが望まれる。権力をカサに着た態度では、総スカンを食らうだけだ。

小さな恩恵に値打ちなし

7 治世《ちせい》は大徳《たいとく》を以《も》ってし、小恵《しょうけい》を以《も》ってせず

《治世以大徳、不以小恵》

名宰相と謳われた諸葛孔明は、いったいどんな政治をしたのだろうか。その一端を語っているのが、この言葉である。

孔明という人は、国に慶事があっても、めったに大赦令などは出さなかったらしい。そこで、ある人が「時折は大赦を発して、国民の期待にこたえられてはいかがですか」と進言した。そのとき孔明の語ったのが、この言葉だった。

「大徳」とは大きな思いやりであって、政治の根本といってよい。「小恵」とは小さな恩恵である。

やたら小さな恩恵を施して、国民の歓心を買うことばかり考えていたらどうなるか。政治は必ず行き詰まってしまう。そうではなくて、国民の生活が成り立つように根本のところを配慮してやる。それが「大徳」にほかならない。

その根本さえきちんと押さえていれば、あとは放っておいても上手くいく。根本をいい加減にしておいて、枝葉末節にばかり力を入れたところでどうにもならない、と孔明は考えていた。厳しさのなかに大きな思いやりを秘めていたのが、孔明の政治だったのである。

小才は憂うべし

8 寧静《ねいせい》に非《あら》ざれば、以《も》って遠《とお》きを致《いた》すなし

《非寧静無以致遠》

諸葛孔明は劉備亡きあと、自ら総司令官となって魏討伐の軍を起こしたが、目的を達することなく、遠征先の五丈原で陣没した。五十四歳であった。彼には、瞻《せん》という一人息子がいた。遅く生まれた子で、このときわずか八歳であったという。それだけに、目に入れても痛くないほど可愛かったにちがいない。

その瞻であるが、幼いときから利発な子であったようだ。並みの親なら、親バカぶりを発揮してまわりの失笑を買うところだが、孔明は違っていた。逆にその利発ぶりを、小才に過ぎないのではないかと心配していたらしい。

なまじ利発だったがゆえに、「二十すぎれば只の人」になることを案じていたのである。そんな事情もあってか、孔明は瞻にあてて一通の遺書を残している。この言葉はそのなかに出てくるのである。

「寧静」とは、静かに落ち着いているということ。だからこの言葉は、「心を落ち着けて自分を磨かなかったら、将来、大きな仕事を成し遂げることはできない」という意味になる。

これは瞻だけではなく、私どもの自戒すべきことでもあろう。

将は顔色を変えるな

9 喜怒《きど》を色《いろ》に形《あらわ》さず

《喜怒不形於色》

西武ライオンズの元監督である広岡達朗氏は、ゲームの戦況いかんにかかわらず、ベンチでは顔色を変えないことで有名だった。ワンサイドゲームだからといってことさらニコニコしないし、大苦戦だからといって渋面をつくらない。こういう冷静沈着な態度がチームを優勝に導いた力量のひとつであるとして、高く評価されたようだ。

たしかに、喜怒哀楽の感情を顔に出さないのはリーダーのたしなみのひとつである。とくに危機管理のときには、必須の要件といってもいい。組織が危機に見舞われたとき、どうしても部下は上司の顔色をうかがう。そんなとき上司があわてふためいていたのでは、組織全体が浮き足立ってしまう。ピンチに涼しい顔をしているだけの演技力が要求されるのだ。

もちろん、ひとりっきりのときには、泣こうとわめこうとかまわない。精神衛生上、ひとりのときは、積極的にストレス解消をすべきだといってもいい。

しかし、そばにひとりでも部下や関係者がいたら、極力、自制する必要がある。ピンチに取り乱したのでは、はじめからリーダー失格といわざるをえない。

前歴不問の人材登用

10 材《ざい》を授《さず》くるに各《おのおの》其《そ》の器《うつわ》に因《よ》り、情《じょう》を矯《た》めて算《さん》に任《まか》せ、旧悪《きゅうあく》を念《おも》わず

《授材各因其器、矯情任算、不念旧悪》

『三国志』を編纂した陳寿が、魏の曹操《そうそう》について評した言葉である。つまり、曹操の人材登用法はそれぞれの能力に応じ、私情を抑えて合理的に行ない、過去はまったく問わなかったというのである。

曹操という人は、無類のやり手だった。こういうタイプは、とかく自分の能力だけに頼ってしまう。ところが彼は、人材を集めるのにことのほか熱心だった。能力さえあれば前歴のいかんを問わずに迎え入れている。そして、実際に仕事をさせてみて、できる人間はどんどん抜擢し、できない人間には鼻もひっかけなかったという。徹底した能力主義である。

ライバルの劉備が、どちらかといえば情によって人を任用したのにくらべると、まことに対照的であった。曹操は、部下に対してすこぶる厳しかったのだ。

一般に、こうした能力主義にはマイナス面がつきまとう。しかし、人間的スケールが大きかったせいか、曹操の場合にはそういうマイナス面が出ていない。それどころか、もりたててくれる部下に恵まれて、乱世をのし上がっていった。

僥倖を喜ぶなかれ

11 危《あや》うきに乗《じょう》じて以《も》って倖《こう》を徼《もと》む

《乗危以徼倖》

曹操が、幽《ゆう》州に遠征して最終的に北方を平定したとき。配下の諸将はこぞって反対したのだが、それを押しきって強行した。ところが、いざ軍を進めてみると、日照り続きのところに寒さが重なって水と食糧の欠乏に悩まされ、何とか作戦目的は達したものの、ようようの思いで帰還することになった。

帰ってきてから曹操は、先に遠征に反対した者どもを集めて厚く恩賞を取らせ、「このたびの作戦は、わざわざ危険を犯して幸運を期待したようなものだ（危うきに乗じて以って倖を徼む）。たまたま上手くいったのは天の加護によるもの。したがって、いつもこのような策を使うわけにはいかない」。こう語り、さらに、「諸君のほうこそ万全の計であった。これからも意見があったら、遠慮なく申し述べてほしい」とつけ加えたという。

苦戦の原因を厳しく反省し、悪びれずに部下に謝っているのである。トップからこう出られて、部下としてもまた大いにやる気になったにちがいない。

ちなみに「倖」とはラッキーという意味である。曹操はラッキーに期待するような戦い方は下策だと認めているのである。

「恐れること」を恐れるな

12 将《しょう》たるものはまさに怯弱《きょうじゃく》の時《とき》あるべし。但《ただ》に勇《ゆう》を恃《たの》むべからず

《為将当有怯弱時。不可但恃勇也》

曹操という人は、ここぞというときには嵩《かさ》にかかり、勢いに乗って攻めたてるが、不利だと見たときの撤退の見きりどきも早かった。決して無理をしないのである。そういう戦い方で乱世のなかを勝ち上がっていった。

その曹操の配下に、夏侯淵《かこうえん》という勇将がいた。挙兵以来、つねに曹操に従って勝利を収め、その覇業に貢献した人物である。

ただし、夏侯淵は急襲して敵の不意をつく戦法を得意とした。勇猛ではあったが、いささか向こう見ずなところがあったらしい。曹操はそれを心配し、かねてから注意を促していた。これはそのときの言葉である。

「怯弱」とは、臆病で弱いこと。そういうときがあってしかるべきだ。いたずらに勇に逸《はや》ってはならないのだという。

曹操の戦い方は、いま述べたように、ときにはすこぶる勇猛であったが、その裏には冷静な計算があった。そんな曹操から見たら、夏侯淵の戦い方は頼もしい反面、危なっかしく見えたにちがいない。

男らしい男の生き方

13 烈士暮年《れつしぼねん》、壮心已《そうしんや》まず

《烈士暮年、壮心不已》

曹操という人は、小説の『三国志』では悪玉にされているのであまり人気はないけれども、実は学ぶべき点をたくさんもっていた人物である。

この人は、戦《いくさ》が強いだけではなく、学問、教養もたっぷり身につけていた。いわば「文武両道」といってよい。これは素質もあっただろうが、むろんそれだけではない。彼は誰よりも勉強熱心だった。遠征に行くときも、つねに何冊かの古典をもっていって、敵と対陣中でも、暇があるとそれらの本に目を通していたといわれるし、晩年になっても本を手から離さなかったといわれる。

曹操は六十六歳で死去している。いまなら八十代の半ばといったところか。そんな年になっても読書を欠かさなかったというのである。

また、曹操は文学者、詩人としても当代一流であって、すばらしい詩をいくつも残している。ここに紹介したのは、その詩の一節である。

「烈士」とは、男らしい男。「暮年」は晩年と同じ。「壮心」とは若々しい心。チャレンジ精神といってもよい。これは、曹操自身「こうありたい」と願って詠んだ一句であろうと思われる。彼の生涯はまさにこれだった。

長所をほめて短所をとがめず

14 その長《ちょう》ずる所《ところ》を貴《たっと》び、その短《たん》なる所《ところ》を忘《わす》る

《貴其所長、忘其所短》

呉《ご》の孫権《そんけん》は、ライバルの曹操や劉備とくらべるといくぶん影が薄く、もっぱら脇役のイメージで語られている。しかし、三国のひとつ、呉のトップとして抗争の時代を生き抜いたのだから、やはりたいへんな英傑であったといえる。

その孫権の成功の秘密は、ひとつは部下の育て方にあった。ここにあげた言葉は孫権自らが語ったもので、「部下を使うとき、相手の短所には目をつぶり、長所を発揮できるように仕向けた」というのである。

この場合「忘る」とは、文字通り忘れることではない。短所は短所として把握しているが、それを目くじらたててとがめないということだ。

一般に人間というものは、短所を指摘されるより長所をほめられるほうが、仕事に対してやる気が出てくるし、向上心も出てくる。

逆に短所ばかりあげつらわれると、くさったり萎縮したりして、伸びる能力まで伸びなくなってしまう。

人の上に立つ者にはさまざまな条件が要求されるが、長所をほめるという孫権の部下育成法など、誰にも真似られて、しかも効果的な方法ではないだろうか。

見違える成長の秘密

15 呉《ご》下《か》の阿《あ》蒙《もう》に非《あら》ず

《非呉下阿蒙》

呉の孫権の部下に呂蒙《りょもう》という将軍がいた。呂蒙はほとんど無学無教養だったが、戦《いくさ》だけはめっぽう強い。そのためどんどん抜擢されて将軍の位まで登っている。しかし、いやしくも将軍ともなれば、無学無教養では困る。心配した孫権は、兵法や歴史の書を勉強するように勧める。一念発起した呂蒙は、猛勉強の甲斐あって、実戦だけではなく理論にも強い将軍へと、見事な成長を遂げた。

ここにあげた言葉は、呂蒙の成長ぶりに驚いた先輩の将軍が語ったもので、直訳すれば「昔、呉の都にいたころの蒙君ではなくなったわい」となる。よくまあ進歩したものだという讃辞である。

「呉下の阿蒙」とは、これから転じて「進歩のない人間」という意味になるが、いまビジネスマンの間でさかんな勉強会なども、「呉下の阿蒙」にならないための努力として大いに評価したい。

ただし、そうした勉強会のなかには、目先の情報ばかり追いかけているものもあるようだ。どうせするなら、呂蒙のように古典や歴史書にじっくり取り組んで、本当の自己啓発につながる勉強をしてみてはどうだろう。

中国《ちゅうごく》古典《こてん》「一日一話《いちにちいちわ》」

著　者――守屋　洋（もりや・ひろし）

発行者――押鐘太陽

発行所――株式会社三笠書房

〒102-0072 東京都千代田区飯田橋3-3-1
電話：(03)5226-5734（営業部）
　　：(03)5226-5731（編集部）
http://www.mikasashobo.co.jp

印　刷――誠宏印刷

製　本――若林製本工場

ISBN978-4-8379-2067-0 C0030